CURSO DE DIREITO EMPRESARIAL

Volume III
TÍTULOS DE CRÉDITO

ARTHUR MIGLIARI JÚNIOR

CURSO DE DIREITO EMPRESARIAL

Volume III
TÍTULOS DE CRÉDITO

CURSO DE DIREITO EMPRESARIAL
Volume III
Títulos de Crédito

© Arthur Migliari Júnior

Direitos reservados desta edição por
MALHEIROS EDITORES LTDA.
Rua Paes de Araújo, 29, conjunto 171
CEP 04531-940 – São Paulo – SP
Tel.: (11) 3078-7205 – Fax: (11) 3168-5495
URL: www.malheiroseditores.com.br
e-mail: malheiroseditores@terra.com.br

Composição: PC Editorial Ltda.
Capa:
Criação: Vânia Amato
Arte: PC Editorial Ltda.

Impresso no Brasil
Printed in Brazil
02.2018

Dados Internacionais de Catalogação na Publicação (CIP)

M634c   Migliari Júnior, Arthur.
Curso de direito empresarial : volume III : títulos de crédito / Arthur Migliari Júnior. – São Paulo : Malheiros, 2018.
176 p. ; 21 cm.

Inclui bibliografia.
ISBN 978-85-392-0416-8

1. Direito empresarial - Brasil. 2. Títulos de crédito. I. Título.

CDU 347.7(81)
CDD 346.8107

Índice para catálogo sistemático:
1. Direito empresarial : Brasil   347.7(81)
(Bibliotecária responsável: Sabrina Leal Araujo – CRB 10/1507)

SUMÁRIO

Parte I
TÍTULOS DE CRÉDITO

Capítulo I – TÍTULOS DE CRÉDITO

1. Conceito de crédito 11
2. Características ou princípios aplicados a todos os títulos de crédito 14
3. Inoponibilidade das exceções pessoais 16
4. Teorias sobre os títulos de crédito 16
   - 4.1 Teoria adotada pelo Direito Brasileiro 18
5. Classificação dos títulos de crédito 19
   - 5.1 Quanto ao negócio de origem 19
   - 5.2 Quanto à circulação 20
   - 5.3 Quanto ao modelo 22
   - 5.4 Quanto à tipicidade 22
   - 5.5 Quanto ao emissor ou emitente 22
6. Estrutura formal dos títulos de crédito 23
   - 6.1 Ordem de pagamento 23
   - 6.2 Promessa de pagamento 23
7. Dos atos cambiários 24
8. Os títulos de crédito em relação ao direito falencial e/ou recuperacional brasileiro 27
9. Dos títulos de crédito eletrônicos 29
   - 9.1 Histórico 30
   - 9.2 Boleto bancário 36
     - 9.2.1 Elementos do boleto ou bloqueto de cobrança
       - 9.2.1.1 Sacador ou instituição financeira 37
       - 9.2.1.2 Cedente ou contratante 37
       - 9.2.1.3 Sacado ou contratado 38
       - 9.2.1.4 Valor do documento 38

9.2.1.5   Data de vencimento 38
9.2.1.6   Código de barras 38
9.2.2   Natureza jurídica dos boletos bancários 40
9.2.3   O protesto do boleto bancário 41

Parte II
TÍTULOS DE CRÉDITO EM ESPÉCIE

Capítulo II – A **LETRA DE CÂMBIO** 45
1. Breve história da letra de câmbio 46
2. Requisitos legais 46
3. Do vencimento da letra de câmbio 47
4. Do aceite da letra de câmbio 48
5. Do endosso da letra de câmbio 51
6. Do aval da letra de câmbio 53
7. Pagamento da letra de câmbio 55
8. Protesto da letra de câmbio 56
9. Da intervenção em letras de câmbio 62
10. Da execução cambial 62
11. Da prescrição da ação cambial 63

Capítulo III – A **NOTA PROMISSÓRIA**
1. Conceito 64
   1.1   Da prescrição 67

Capítulo IV – O **CHEQUE** 68
1. Requisitos do cheque 70
2. Tipos ou modalidades de cheques 71
3. Cheques pós-datados (ou pré-datados) 72
4. Cheque cruzado 73
5. Cheque visado 74
6. Cheque para ser levado em conta 75
7. Cheque administrativo 76
8. Cheque especial 76
9. Cheque de viagem ("traveller check") 77
10. Pluralidade de exemplares de cheques 78
11. Do endosso do cheque 78
12. Da perda do cheque e suas consequências 82
13. Do aval do cheque 82
14. Do prazo de apresentação do cheque 84
15. Do pagamento de cheque falso ou falsificado 87

16. Do protesto do cheque 88
17. Cobrança por falta de pagamento do cheque 90
18. Da prescrição do direito de execução do cheque 92
19. Dos aspectos penais no pagamento por meio de cheque 94

Capítulo V – A DUPLICATA 95
1. Requisitos legais 98
2. Formalização do aceite na duplicata 99
3. Da recusa ou negativa de aceite da duplicata 100
4. Do endosso e do aval da duplicata 101
5. Do vencimento da duplicata 101
6. Pagamento da duplicata 102
7. Protesto da duplicata 102
8. Do protesto indevido e indenização 103
9. Do processo de cobrança da duplicata 104
10. Da prescrição da ação cambial 105
11. Da escrituração especial da Lei 5.474/1968 106
12. Outras ações para recebimento da duplicata 106
13. Da triplicata 107
14. Duplicata de prestação de serviços 107
15. Duplicata eletrônica ou virtual 109

Capítulo VI – OS TÍTULOS DE CRÉDITO RURAL 110
1. Duplicata rural 112
2. Nota promissória rural 113
3. Cédula de crédito rural 114
4. Cédula de produto rural 117
   4.1 Instituição das garantias da cédula rural 119
5. Nota de crédito rural 121
6. Da ação de cobrança dos títulos de crédito rural 121

Capítulo VII – OS TÍTULOS REPRESENTATIVOS 123
1. Conhecimento de depósito e "warrant" 124
   1.1 Do endosso do "warrant" 126
   1.2 Do endosso do conhecimento de depósito 127
   1.3 Do resgate das mercadorias/bens 127
   1.4 Inadimplência do "warrant" 128
   1.5 Extravio ou destruição dos títulos 131
2. Conhecimento de depósito agropecuário e "warrant" agropecuário 133
3. Conhecimento de transporte 137
4. Conhecimento de fretamento marítimo 140

5. Conhecimento de fretamento aéreo 143
6. Dos títulos de crédito imobiliários 145
   6.1 Das letras imobiliárias (Lei 4.380/1964) 146
   6.2 Das cédulas hipotecárias (Decreto-lei 70/1966) 149
       (a) Da liquidação da cédula hipotecária 153
       (b) Inadimplemento da cédula hipotecária 154
       (c) Implicação penal da emissão irregular de cédula hipotecária 155
   6.3 Das letras hipotecárias (Lei 7.684/1988) 155
   6.4 Das letras de crédito imobiliário (Lei 10.931/2004) 157
   6.5 Das cédulas de crédito imobiliário (Lei 10.931/2004) 159
   6.6 Certificados de recebíveis imobiliários 163
   6.7 Cédulas de crédito bancário 166

Bibliografia 174

Parte I
TÍTULOS DE CRÉDITO

Capítulo I
TÍTULOS DE CRÉDITO

1. Conceito de crédito. 2. Características ou princípios aplicados a todos os títulos de crédito. 3. Inoponibilidade das exceções pessoais. 4. Teorias sobre os títulos de crédito: 4.1 Teoria adotada pelo Direito Brasileiro. 5. Classificação dos títulos de crédito: 5.1 Quanto ao negócio de origem – 5.2 Quanto à circulação – 5.3 Quanto ao modelo – 5.4 Quanto à tipicidade – 5.5 Quanto ao emissor ou emitente. 6. Estrutura formal dos títulos de crédito: 6.1 Ordem de pagamento – 6.2 Promessa de pagamento. 7. Dos atos cambiários. 8. Os títulos de crédito em relação ao direito falencial e/ou recuperacional brasileiro. 9. Dos títulos de crédito eletrônicos: 9.1 Histórico – 9.2 Boleto bancário.

1. Conceito de crédito

Penso ser desnecessário falar da importância do crédito na movimentação da economia global, não sendo o crédito exclusivo do Direito Brasileiro, mas corolário de todas as Nações ao derredor do mundo.

O crédito foi uma das poucas coisas não diretamente reguladas pela Constituição Federal, senão apenas de maneira incidental, geral e sobre situações que não dizem respeito diretamente à confiança, mas apenas no *sentido financeiro*.[1]

"Crédito" advém do Latim *creditum*, que provém de *credere*, ou seja, "confiar", "crer", "ter fé". Assim, para a existência do crédito há necessidade de que se tenha a formação de dois elementos, que o compõem e são indissociáveis: confiança e tempo. Logo, é impossível falar em crédito sem que alguém confie em outra pessoa para pagar prestação futura.

---

1. CF: arts. 7º, XXIX; 21, VIII; 22, VII; 48, II; 52, VII e VIII; 62, I, "d"; 74, III; 99, II, e § 5º; 100 e § 2º; 127, § 6º; 146, III, "b"; 150, § 6º; 153, V; 155, §§ 1º, II, e 2º, "a" e "b", e XII, "f"; 160, I; 163, VII; 165, § 8º; 166, *caput*; 167, II, III, IV, V e VII; 167, §§ 2º e 3º; 168, *caput*; e 192, *caput*.

Desse modo, o *crédito* é originado pela *confiança* em um *pagamento futuro*, como sendo uma situação para adiante, para frente, onde alguém poderá vir a receber um benefício pecuniário.

O *crédito* pode ser dividido em real e pessoal.

O *crédito real* é aquele decorrente da garantia sobre algum *bem específico*, que lhe garante o pagamento futuro, podendo ser sobre um bem móvel (penhor) ou sobre um bem imóvel (hipoteca).

No *crédito pessoal* a garantia do pagamento futuro se submete ao pagamento com *qualquer bem* do devedor, não especificado, sendo que a isto se chama de *garantia fidejussória*, sendo exemplos marcantes o aval e a fiança.

Pode-se dizer, ainda, que o crédito se apresenta em outros segmentos, como o *crédito de consumo*, com o recebimento de valores para aquisição de bens de consumo (veículos, eletrodomésticos etc.).

Há, ainda, os chamados *créditos de produção*, que se encaixam na produção de riquezas, que levam em conta a atividade econômica da indústria e do campo (*agrobusiness*), gerando as chamadas Cédulas de Crédito Rural, Cédulas de Crédito Industrial etc.

Todos esses tipos de crédito representam um benefício final. Esse benefício é representado por um documento que mostra e comprova a ocorrência do crédito a favor de alguém – regra geral, do portador do mesmo.

Assim, em poucas palavras, podemos definir os *títulos de crédito* como sendo *os documentos representativos de determinadas operações pecuniárias, desempenhando a função de substituir a moeda em sua principal característica, que é a troca do produto pelo dinheiro.*

De maneira até certo ponto popular entre os comercialistas e falencistas é a célebre colocação de Cesare Vivante sobre a melhor definição de título de crédito: "título de crédito é o documento necessário para o exercício do direito literal e autônomo nele incorporado".[2]

É importante lembrar, no entanto, que os títulos de crédito diferem das moedas por não possuírem curso forçado, caracterizando contravenção penal (art. 43 do Decreto-lei 3.688/1941[3]) deixar de receber moeda, pelo seu valor, que tenha curso legal no País. No entanto, o mesmo não ocorre com os títulos de crédito.

---

2. Cesare Vivante, *Trattato di Diritto Commerciale*, 5ª ed., vol. II, p. 12.
3. Decreto-lei 3.688/1941: "Art. 43. Recusar-se a receber, pelo seu valor, moeda de curso legal do País: Pena – Multa, (...)."

A partir da Convenção de Genebra, de 1930, houve a aprovação do texto da Lei Uniforme sobre Títulos de Crédito, sendo que o Brasil adotava a Lei Cambiária, prevista no Decreto 2.044/1908 até então. Pelo Decreto 57.663/1966 o Brasil ratificou os termos da Convenção de Genebra, mandando cumprir os ditames lá inscritos, passando a existir alguma controvérsia sobre qual norma estaria em vigor.

Tal discussão encerrou-se na década de 1970, quando o STF passou a decidir soberanamente que deveriam ser aplicadas as normas constantes da Convenção de Genebra aos títulos de crédito. Os julgamentos se deram nos RE 58.713 (3ª Turma, *RTJ* 39/450), 70.356 (rel. Min. Bilac Pinto, j. 19.5.1971, *RTJ* 58/744) e 71.154/1970 (rel. Min. Osvaldo Trigueiro, *RTJ* 58/70), consolidando a adoção da Convenção de Genebra no nosso Direito interno.

Entretanto, tanto a doutrina como os tribunais sempre conheceram outros títulos de crédito, chamados simplesmente de títulos de crédito civis, que deveriam seguir normas específicas das leis especiais (letra de câmbio, duplicatas, cheques etc.).

Com o advento do Código Civil/2002 tais títulos de crédito de natureza civil passaram a ser regulamentados nos arts. 887-926, sendo que preferimos classificá-los simplesmente de *títulos de crédito inominados*, ou *de natureza civil*, em clara distinção dos chamados *títulos de crédito nominados*: cheque, duplicata, letra de câmbio etc.

No sistema jurídico nacional, portanto, há duas espécies de títulos de crédito bem distintas: os *específicos*, constantes de leis especiais, e os *genéricos*, não existindo confrontação com a doutrina que adota essa classificação.

Cuidado especial devemos ter para não confundir os títulos nominados com os títulos nominativos, eis que estes representam uma das qualidades específicas dos títulos de crédito. São nominativos aqueles

> que são pagáveis em favor de uma pessoa determinada, e esta só os pode transmitir eficazmente com a intervenção do devedor.[4]

Sobre a dicotomia dos títulos de crédito Fábio Ulhoa Coelho escreve:

> O Código Civil/2002 contém normas sobe os títulos de crédito (arts. 887-926) que se aplicam apenas quando compatíveis com as dis-

---

4. Cesare Vivante, *Trattato di Diritto Commerciale*, cit., 5ª ed., vol. II, p. 112.

posições constantes de lei especial ou se inexistentes estas (art. 903). De modo sumário, são normas de aplicação *supletiva*, que se destinam a suprir lacunas em regramentos jurídicos específicos.[5]

No mesmo sentido é a jurisprudência dos tribunais, tendo o STJ apresentado o Enunciado 52, com a seguinte disposição: "Por força da regra do art. 903 do Código Civil, as disposições relativas aos títulos de crédito não se aplicam aos já existentes".

Desse modo, importa consignar, finalmente, que os títulos de crédito têm normas específicas quando tratados em leis especiais, não podendo existir conflitância com as normas genéricas do Código Civil, não obstante ser este dispositivo legal muito mais novo que as normas anteriores. Mas, no caso, a não aplicação decorre do sentido de especialidade das normas específicas em relação ao Código Civil, que é genérico.

2. Características ou princípios aplicados a todos os títulos de crédito

Para garantir sua livre circulação, todos os títulos de crédito são dotados de qualidades ou características essenciais.

Em que pese o fato de a doutrina ser majoritária em asseverar que se trata de meras características (Requião, Finkelstein, Almeida), vários outros autores, como Fran Martins, Fábio Ulhoa etc., entendem que se trata de verdadeiros "princípios" que regem os títulos de crédito.

São, pois, características dos títulos de crédito as seguintes situações, essenciais:

(a) *Literalidade* – Demonstrando que o direito a ser observado é exatamente aquele que consta do documento. O título de crédito consubstancia-se naquilo que nele está escrito, não podendo ser exigido mais do que o nele consignado. Explica Fran Martins:

> Sendo o título de crédito um documento necessário para o exercício de direitos, é indispensável que em dito documento estejam expressos esses direitos. Mas o princípio da literalidade vai mais além: significa que tudo o que está escrito no título tem valor, e, consequentemente, o que nele não está escrito não pode ser alegado.[6]

---

5. Fábio Ulhoa Coelho, *Curso de Direito Comercial*, 11ª ed., vol. 1 (*Direito de Empresa*), p. 386.
6. Fran Martins, *Títulos de Crédito*, 1ª ed., vol. 1 (*Letra de Câmbio e Nota Promissória*), p. 7.

(b) *Autonomia* – Pois a posse do documento pelo possuidor de boa-fé garante-lhe o exercício de direito próprio, não podendo sofrer restrição em relação ao conteúdo do documento. Cada obrigação é derivada de um título autônomo em relação aos demais documentos. E, portanto, assevera Fran Martins que a autonomia significa

> o fato de não estar o cumprimento das obrigações assumidas por alguém no título vinculado a outra obrigação qualquer, mesmo ao negócio que deu lugar ao nascimento do título. Isso se justifica porque a obrigação, em princípio, tem a sua origem nos verdadeiros títulos de crédito, em um ato unilateral da vontade de quem se obriga; aquele que assim o faz não subordina sua obrigação a qualquer outra acaso já existente no título.[7]

(c) *Cartularidade* – O direito do credor apresenta-se *no* documento, pois é este que prova, fisicamente, a existência do direito, não podendo se exigir do devedor o pagamento do mesmo sem a prova material de sua existência.

Além destas chamadas características essenciais, os títulos de crédito têm, ainda, outras duas características que lhes dão dinâmica distinta da dos contratos que serviram de base à realização dos mesmos. São elas:

(d) *Abstração* – Os títulos de crédito são documentos que se provam por eles próprios, independentemente da causa que os originou, podendo ter livre circulação, desprendendo-se da causa remota que o gerou.

(e) *Independência* – Certo é que nem todo título de crédito tem tal característica, mas força reconhecer que os títulos de crédito, em geral, dela são dotados, como é o caso da letra de câmbio, desprendendo-se de sua origem. Porém, é importante observar a advertência de Rubens Requião:

> não se admite a independência como um característico geral, pois existem muitos títulos de crédito que se referem a contratos que lhes deram origem, como as ações das sociedades anônimas, que se fundam e se vinculam ao ato de constituição da sociedade anônima.[8]

Podemos mencionar, ainda, os financiamentos bancários de habitação, onde a emissão de títulos de crédito mensais vincula-se ao contrato de mútuo anteriormente pactuado entre a instituição financeira e o mu-

---

7. Idem, p. 8.
8. Rubens Requião, *Curso de Direito Comercial*, 23ª ed., 2º vol., p. 360.

tuário, não existindo independência com a causa passada, mas, sim, ao revés, verdadeira vinculação.

Importante lembrar que há outra característica ou outro princípio ínsito a todos os títulos de crédito muito pouco ressaltado pela doutrina, ganhando, porém, os campos judiciais em ardentes disputas. Referimo-nos à sua *formalidade* ou *formalismo* preponderante sobre todo e qualquer documento.

Daí Fran Martins classificar o formalismo como elemento indispensável à lisura dos títulos de crédito, nesta passagem:

> É assim, o *formalismo* o fator preponderante para a existência do título e sem ele não terão eficácia os demais princípios próprios dos títulos de crédito. Tanto a autonomia das obrigações como a literalidade e a abstração só poderão ser invocadas se o título estiver legalmente formalizado, donde dizerem as leis que não terão o valor de título de crédito os documentos que não se revestirem das formalidades exigidas por ditas leis.[9]

Como se vê, o formalismo, ao lado dos princípios enumerados, é um dos requisitos básicos para que o título de crédito seja válido, não podendo a vontade individual sobrepujar sobre a vontade legal, impondo, dessa maneira, o preenchimento de todos os requisitos legais, sob pena de invalidação do título.

3. Inoponibilidade das exceções pessoais

Além dessas características próprias dos títulos de crédito, os mesmos ainda se revestem de uma característica a mais, que é a impossibilidade de oposição de exceções de natureza pessoal entre o emitente do título e o portador de boa-fé, em especial quando tenha havido circulação. Essa inoponibilidade é uma forma de garantir a perfeita circulação das cártulas, passando de mão em mão, garantindo dessa maneira a abstração e a independência em relação à causa remota da geração dos títulos.

4. Teorias sobre os títulos de crédito

Diversas teorias surgiram sobre os títulos de crédito, ficando conhecidas mais pelo nome dos seus defensores do que propriamente pela sua real existência.

---

9. Fran Martins, *Títulos de Crédito*, cit., 1ª ed., vol. 1, p. 11.

Vejamos algumas das teorias existentes sobre os títulos de crédito.

(1) *Teoria da criação* – O direito deriva da *criação* do título, valendo para todos os eventos futuros, sendo que o subscritor é um dos elementos do mesmo, valendo para todo o sempre, ficando seu emissor ligado *ad perpetuum*. São defensores dessa teoria Siegel, Kuntze, Bruschettinni, Bonelli e Navarrini, entre outros. Essa teoria foi adotada pelo Código Civil alemão.

(2) *Teoria da emissão* – Decorre da teoria da criação, sendo certo que a simples criação não garante o título, havendo necessidade de que o título entre em circulação, ou seja, com o abandono da posse voluntária do título pelo seu emissor é que nasce a obrigação.

Importante asseverar que estas duas teorias foram as que mais ganharam destaque no cenário doutrinário e jurisprudencial. Porém, outras também existem. Vejamos.

(3) *Teoria de Savigny* – Toda e qualquer emissão de título significaria, em verdade, um contrato entre o emissor e *pessoa incerta* detentora do título, incorporado no documento que lhe foi conferido. A simples posse do título caracterizaria presunção da propriedade, passível de exigência de pagamento. Defenderam tal teoria Jolly, Goldschmidt, Unger etc.

(4) *Teoria de von Ihering ou teoria do germe* – No sentido de que o crédito seria representativo de uma vontade ainda não concreta. A emissão do título de crédito produz imediatamente efeito em relação ao passivo descrito no título. Porém, durante a circulação do título ele ainda não é concreto, mas potencial (virtual), não pertencendo ao patrimônio de ninguém. Apenas nasce ou viceja a obrigação quando deixa de circular e se torna real. Tal teoria sofreu grande golpe de Vivante ao negar sua existência, dando-a como irreal em face das inúmeras negociações das Bolsas de Valores, cujos títulos representativos dos créditos eram objeto de comércio diuturno, diariamente circulando livremente, motivo pelo qual os valores que iam e vinham eram todos reais e não potenciais ou em germe, como defendeu von Ihering.

(5) *Teoria do papel-moeda dos comerciantes (**Papier-Geldstheorie**)* – Tal teoria foi desenvolvida pelo jurista alemão Einnert, afirmando que o título de crédito era uma promessa ao público de pagamento futuro, garantindo a fé no pagamento de acordo com o que foi escrito, surgindo um direito autônomo. Einnert afirmava que se existisse um contrato deixaria de ser autônomo. Posteriormente, Kuntze readequou tal teoria, aduzindo que o documento probatório do título de crédito era uma promessa abs-

trata, independente da relação fundamental, tratando-se, no entanto, de promessa unilateral por parte do emissor.

(6) *Teoria da personificação do título* – Segundo a qual o título representa o direito do titular do mesmo, ou seja, a emissão é uma situação tal que obriga o emissor ao pagamento a quem se acha na posse do título, que incorpora a condição de credor. Foi seguidor dessa teoria Becker, sendo que Saleilles a combateu fervorosamente, porque dizia que não poderia o título de crédito ser abstrato ao extremo, a ponto de tornar as coisas materiais em sujeitos de direito, caracterizando, dessa maneira um absurdo, pois não poderia haver crédito sem credor. Realmente, Saleilles estava certo.

4.1 Teoria adotada pelo Direito Brasileiro

Como não poderia deixar de ser, as diversas teorias criadas ao redor do mundo ganharam força no cenário jurídico brasileiro, sendo que com a edição do Código Civil/1916 houve verdadeira batalha doutrinária para saber qual teria sido a real intenção do legislador ao asseverar que os títulos de crédito ao portador poderiam ser classificados como *obrigações por declaração unilateral da vontade*, exatamente ao lado da *promessa de recompensa*.

Rubens Requião traz pronunciamento de Clóvis Beviláqua sobre a enorme dificuldade de fixação em uma das teorias, e em seguida afirma:

> Não é fácil, por outro lado, situar a doutrina do Código de 1916 entre as teorias da criação ou da emissão. Clóvis, ao estudar a reivindicação dos títulos ao portador, revela que "fundiram-se em nosso Direito doutrinas divergentes". Em face dos diversos dispositivos legais, com efeito, ora aparece-nos a teoria da emissão, ora a da criação.[10]

Realmente, no Direito revogado houve verdadeira balbúrdia doutrinária e jurisprudencial, pela fixação de frases pouco caracterizadoras de uma ou outra doutrina, ora fazendo-se presente a teoria da emissão, ora a teoria da criação, tendo Requião afirmado:

> A conclusão a tirar é que o Código/1916 não se filiou puramente a nenhuma das duas teorias, temperando os rigores da teoria da criação com nuanças da teoria da emissão. Tal ecletismo foi mantido no Código/2002.[11]

---

10. Requião, *Curso de Direito Comercial*, cit., 23ª ed., 2º vol., p. 364.
11. Idem, p. 365.

Realmente, o Código Civil/2002 veio a traçar situações díspares a respeito dos títulos de crédito, não seguindo nenhuma das teorias anteriormente apresentadas, ora dando a entender que a circulação é o fato constitutivo do título de crédito, ora que a emissão é sua essência, ora que é sua criação o seu ponto nevrálgico.

Assim, diante da existência de leis especiais sobre a mesma matéria, reservando-se o Código Civil aos títulos civis, parece-nos que o Brasil efetivamente criou uma *teoria eclética*, ou *teoria da criação-emissão* ou *teoria criativa-emissiva* para os títulos de crédito.

5. Classificação dos títulos de crédito

Há vários critérios para estabelecer uma classificação dos títulos de crédito, mas lembra Rubens Requião[12] que a classificação mais aceita é de Cesare Vivante, que estabeleceu apenas quatro categorias, também aceita por Fábio Ulhoa Coelho.[13] No entanto, prendemo-nos à categorização dos títulos de crédito de Maria Eugênia Finkelstein,[14] para quem os títulos de crédito classificam-se da seguinte maneira: (a) quanto ao negócio de origem; (b) quanto à circulação; (c) quanto ao modelo; (d) quanto à tipicidade; (e) quanto ao emissor.

Façamos, pois, um estudo dessa divisão, verificando o acerto dessa forma de ver os títulos de crédito.

5.1 Quanto ao negócio de origem

Rubens Requião explica que tais títulos deveriam ser observados de acordo com sua natureza. Em relação ao negócio que deu origem ao título de crédito, este pode se classificar em:

(a) *Títulos abstratos* – Os títulos de créditos abstratos são aqueles que se desvinculam completamente da causa que lhes deu origem, tão logo chegam a ser emitidos. Exemplos típicos são as notas promissórias e as letras de câmbio, pois estas valem de per si, independentemente da causa remota que lhes deu origem. Requião afirmava que tais títulos de crédito, em realidade, "são os mais *perfeitos* como títulos de crédito, pois deles não se indaga a origem. Vale o crédito que na cártula está escrito".[15]

---

12. Idem, p. 368.
13. Coelho, *Curso de Direito Comercial*, cit., 11ª ed., vol. 1 (*Direito de Empresa*), p. 383.
14. Maria Eugênia Finkelstein, *Direito Empresarial*, 2ª ed., p. 113.
15. Requião, *Curso de Direito Comercial*, cit., 23ª ed., 2º vol., p. 368.

Daí chamarmos os títulos de crédito abstratos também como *títulos de crédito perfeitos*.

(b) *Títulos causais* – Por outro lado, título de crédito causal é aquele em que o negócio jurídico que levou à criação do documento comprobatório é, necessariamente, vinculado à lisura da negociação da cártula. Lembremos a célebre colocação de Newton De Lucca:

aquele no qual o negócio jurídico que lhe deu origem, por força da lei, vincula-se ao título de tal sorte que produz efeitos sobre sua vida jurídica.[16]

Exemplo clássico é a duplicata mercantil, pois o negócio anterior envolvendo os empresários deve ser demonstrado em sua integridade, sob pena de anulação da emissão da duplicata.

Também são exemplos desses títulos de crédito as ações emitidas das sociedades anônimas, os conhecimentos de transporte, os bilhetes de concessionárias de serviços públicos, bilhetes de loterias etc.

Escreveu Requião que tais títulos de crédito

estão vinculados, como um cordão umbilical, à sua origem. Como tais, são os *imperfeitos* ou *impróprios*. São considerados títulos de crédito pois são suscetíveis de circulação por endosso, e levam neles corporificada a obrigação.[17]

Estes títulos de crédito são denominados de *títulos de crédito imperfeitos* ou *títulos de crédito impróprios*.

5.2 Quanto à circulação

Por este tipo de classificação, os títulos de crédito podem ser de dois tipos: *ao portador* ou *nominativos*.

(a) *Títulos ao portador* – Quando se está diante de um título de crédito *ao portador* não há qualquer tipo de identificação do beneficiário, o que facilita a circulação, operando-se pela simples entrega (tradição) do título. Diz-se que o tomador ou beneficiário do título de crédito é aquele que mantém sua posse.

16. Newton De Lucca, *Aspectos da Teoria Geral dos Títulos de Crédito*, 1979.
17. Requião, *Curso de Direito Comercial*, cit., 23ª ed., 2º vol., p. 368.

No entanto, importante observar que com a promulgação da Lei 8.021/1990 ("Plano Collor"), especificamente no art. 4º, ficou proibida a emissão de títulos de crédito ao portador no Brasil. A única exceção feita foi ao cheque abaixo de determinado valor. Posteriormente, a Lei 8.088/1990, no seu art. 19, eliminou de vez qualquer possibilidade de títulos ao portador, sendo que o "Plano Real", Lei 9.096/1995, no seu art. 69, estabeleceu que todo cheque com valor superior a R$ 100,00 não seria passível de compensação sem identificação do beneficiário.

Nada obstante, nos títulos de natureza civil, emitidos de acordo com o Código Civil, é permitida a existência dos títulos ao portador, conforme se vê dos arts. 904[18] e 909[19] do referido diploma legal, fazendo exceção, porém, àqueles títulos expedidos com base em leis especiais (art. 907 do CC[20]).

(b) *Títulos nominativos* – Ao contrário dos títulos ao portador, *os títulos nominativos indicam o nome do beneficiário*. Podem ou não conter cláusulas restritivas. Quando não se pretende restringir sua circulação, o emitente os expede "à ordem", e, portanto, podem ser transferidos por endosso. Ao contrário, se não há interesse em sua circulação, grifa-se a expressão "não à ordem", e não são transferidos por endosso, necessitando de termo de cessão de crédito.

Pelo art. 921 do CC, título nominativo é aquele

"emitido em favor de pessoa cujo nome conste no registro do emitente", obrigando, de outro lado, a aposição de termo de transferência do título, nos termos do art. 922.[21]

Fran Martins explica a cláusula *não à ordem* e suas consequências:

(...) fazendo com que o título não circule livremente, a cláusula *não à ordem* retira do mesmo uma das suas principais funções, permitindo que o crédito não seja facilmente usado pela circulação através do endosso. Entretanto, o título "não à ordem" também pode circular, apenas essa

---

18. CC: "Art. 904. A transferência de título ao portador se faz por simples tradição".
19. CC: "Art. 909. O proprietário, que perder ou extraviar título, ou for injustamente desapossado dele, poderá obter novo título em juízo, bem como impedir sejam pagos a outrem capital e rendimentos".
20. CC: "Art. 907. É nulo o título ao portador emitido sem autorização de lei especial".
21. CC: "Art. 922. Transfere-se o título nominativo mediante termo, em registro do emitente, assinado pelo proprietário e pelo adquirente".

circulação se faz através de uma cessão, que requer um termo de transferência, assinado pelo cedente e pelo cessionário. E, como consequência da cessão, o cedente se obriga apenas com o cessionário, não em relação aos posteriores possuidores do título. Contudo, o direito de crédito, incorporado ao título, permanece.[22]

5.3 Quanto ao modelo

Quanto ao modelo do título, ele pode ser *livre* ou *vinculado*.

(a) *Títulos de crédito de modelo livre* – São aqueles que não apresentam forma especial ou própria previamente estabelecida em lei. Escreve Finkelstein:

> É o caso da nota promissória. Para ser válida, é preciso que atenda a uma série de requisitos estabelecidos por lei, mas sua forma não é previamente estipulada.[23]

(b) *Títulos de crédito de modelo vinculado* – Têm necessariamente forma especial ou forma própria previamente definida para o preenchimento dos requisitos de cada um. Tomemos como exemplo clássico o cheque, que tem uma série de requisitos específicos, dentro de um padrão previamente apresentado pelo BACEN, adotando uma série de exigências a serem seguidas pelos bancos emissores dos talões.

5.4 Quanto à tipicidade

Os títulos de crédito podem ser *típicos* ou *atípicos*.

(a) *Títulos de crédito típicos* – São aqueles que têm forma definida em lei, como é o caso dos conhecimentos de transporte, duplicatas, cheques, notas promissórias, letras de câmbio, conhecimentos de depósito, entre outros.

(b) *Títulos atípicos* – São aqueles que não têm formas e detalhamentos definidos em leis especiais, podendo ser citados aqueles todos tratados nas regras do Código Civil/2002 (arts. 887 *usque* 926).

5.5 Quanto ao emissor ou emitente

Emissor ou emitente é aquela pessoa, física ou jurídica, que criou o título de crédito, ou seja, a pessoa responsável pelo mesmo.

---

22. Fran Martins, *Títulos de Crédito*, cit., 1ª ed., vol. 1 (*Letra de Câmbio e Nota Promissória*), p. 18.
23. Finkelstein, *Direito Empresarial*, cit., 2ª ed., p. 114.

Assim, os títulos de crédito podem ser classificados como *públicos* – ou seja, emitidos pelo Estado ou por qualquer pessoa jurídica de direito público – ou *privados* – se emitidos por pessoa jurídica de direito privado ou por pessoa física.

6. Estrutura formal dos títulos de crédito

Do ponto de vista estrutural, os títulos de crédito podem assumir a feição de *ordem de pagamento* ou de *promessa de pagamento*.

6.1 Ordem de pagamento

Quando nos títulos emitidos se contém uma *ordem de pagamento* a obrigação deverá ser cumprida por terceiros. Um emitente indica que terceira pessoa irá honrar o pagamento do título de crédito, bastando que seja o mesmo apresentado na forma pactuada. Exemplo: cheque e letra de câmbio.

Dessa maneira, podemos identificar a presença de *três* pessoas (físicas ou jurídicas), chamadas de *personagens cambiários* ou *pessoas cambiárias*.

Visualizando o caso do cheque:

Primeira pessoa, o emitente ou *sacador*: é a pessoa que assina o cheque, dando a ordem de pagamento. A ordem de pagamento está expressa nos dizeres: "Pague por este cheque a quantia de (...)". Assim, há uma *ordem* ao banco para o pagamento do valor expresso no cheque.

Segunda pessoa, o sacado: é a pessoa jurídica de direito público ou privado (banco) encarregada de cumprir a ordem de pagamento expressa no cheque. É do banco que será sacado (retirado) o valor escrito no título de crédito, desde que haja fundos suficientes para cobrir a ordem emitida.

Terceira pessoa, o tomador ou beneficiário: é a pessoa que se beneficia da ordem de pagamento. É aquele que comparece na "boca" do caixa ou deposita em sua conta-corrente e, consequentemente, recebe o valor expresso no cheque.

6.2 Promessa de pagamento

De outro lado, nos títulos que contenham uma *promessa de pagamento* cumula-se *na pessoa do próprio emitente* a obrigação de pagar. Logo, existirão apenas as figuras do emitente e do beneficiário. Não existirá, por conseguinte, um terceiro elemento. Exemplo: a nota promissória. Nesse caso, a nota promissória não vem grafada para que terceiro pague, mediante apresentação, mas, sim, o próprio emitente, tão logo apresentada, irá pagar ("pagarei"), ou seja: o verbo está na primeira pessoa do singular ("eu [subentendido] pagarei"].

Dessa maneira, na chamada promessa de pagamento podemos identificar a presença de apenas *dois personagens cambiários* ou *duas pessoas cambiárias*:

Primeira pessoa, o emitente: aquele que emite a promessa de pagamento, em seu próprio nome, dizendo que, tão logo apresentado o título, o honrará. O emitente é o *devedor da obrigação*.

Segunda pessoa, o beneficiário: aquele que se beneficia da promessa de pagamento, ficando na posse do título, devendo ser apresentado para cobrança na época aprazada. É o *credor da obrigação*.

7. Dos atos cambiários

Antes de dar sequência ao estudo dos títulos de crédito em espécie, é imperioso estabelecer algumas situações deles decorrentes que, por terem nomenclatura própria, se torna necessário conhecer em melhor detalhe, a fim de fixar, desde já, os termos utilizados. Temos presente que os títulos de crédito dão ensejo a diversos atos cambiários, que recebem denominação própria, cumprindo cada um deles uma função específica, nestes termos:

(a) *Saque* – O ato cambiário que tem por objetivo a criação de um título de crédito. Saque é a verdadeira de emissão do título do crédito e configura o ato do lançamento do título de crédito junto ao credor.

(b) *Aceite* – Ato pelo qual o sacado reconhece a validade da ordem de pagamento. O aceite somente é utilizado no caso de ordem de pagamento a prazo, e se caracteriza por ser o ato cambiário em que o sacado de um título de crédito concorda em cumprir a ordem que lhe é dada. Dessa forma, o aceite vincula o sacado ao pagamento do título de crédito junto ao devedor.

(c) *Endosso* – Ato no qual o credor de um título de crédito à ordem transfere seu crédito para outra pessoa e, por conta disso, se torna coobrigado pela satisfação caso o devedor do título não honre o pagamento; há transferência de credor. Um credor passa para outro credor, ficando o primeiro obrigado ao pagamento.

O endosso produz os seguintes efeitos imediatos: (a) vincula o endossante ao pagamento do título de crédito na qualidade de coobrigado; (b) transfere a propriedade do título de crédito; (c) o endossatário passa a ser o novo credor do título de crédito.

O endosso pode se dar de duas maneiras: *em branco* ou *em preto*.

Endosso *em branco* é aquele em que o endossante (pessoa que dá o endosso) não identifica a pessoa do endossatário (pessoa que recebe o endosso). Em verdade, o endosso em branco consiste na simples assinatura do endossante, fazendo com que o *título nominal* passe a circular como se fosse título *ao portador*. Esse endosso se faz com a assinatura na parte de trás (verso) do título.

Endosso *em preto* é aquele em que o endossante identifica expressamente o nome do endossatário. Esse endosso pode ser realizado tanto na face (frente ou anverso) como na parte de atrás (verso) do título.

O endosso pode ser classificado, ainda, da seguinte forma:

(a) *Endosso próprio* – Aquele translativo de propriedade, que pode ser em preto ou em branco.

(b) *Endosso impróprio* – pode ser de três tipos:

(b.1) *Endosso-mandato* – Não há a transferência da propriedade do título de crédito, mas apenas investido o endossatário na qualidade de mandatário para o fim especial de cobrar. Deve, para tanto, constar a expressão "valor a cobrar".

(b.2) *Endosso-pignoratício* – Aquele que promove a transferência da cambial a título de penhor e a propriedade cambial não é transferida, ficando o endossatário com a possibilidade de cobrança do título de crédito.

(b.3) *Endosso sem garantia* – Aquele em que se transfere a propriedade do título de crédito, sem se obrigar ao seu pagamento. Deve haver a expressão "válido sem garantia".

É um tipo de endosso pouco usado, pois o endossatário não tem direito de regresso contra o endossante.

(c) *Endosso póstumo* – Posterior à ocorrência do protesto por falta de pagamento. O endossante não se obriga cambiariamente ao pagamento do título de crédito. Neste caso, o endosso tem efeito de cessão civil.

Como regra, o endosso é lançado no verso do título de crédito, sem identificação do ato. Porém, nada impede que seja lançado no anverso, contanto que seja feita a identificação do ato.

O endosso diferencia-se da cessão civil de crédito do direito civil geral, em vários aspectos.

Enquanto no endosso o endossante responde pela existência do crédito e por seu adimplemento caso o devedor principal não honre a dívida, sendo que o endossante poderá ser executado, na cessão civil de crédito o cedente responde apenas pela *existência do crédito*, e não por seu adimplemento, conforme o art. 295 do CC/2002.

No endosso, quando executado o devedor, é possível alegar matéria relativa à sua relação com o endossante, ao passo que na cessão de crédito, se executado, o devedor poderá alegar matéria relativa à sua relação com o cessionário.

No endosso há um ato unilateral de declaração de vontade que impõe forma escrita, enquanto na cessão civil de crédito há um ato bilateral de vontade que pode assumir qualquer forma, mesmo verbal, inexistente no endosso.

No endosso há um direito autônomo quanto ao crédito transferido, e a nulidade de um endosso não afeta a validade dos outros endossos. Ao passo que na cessão civil de crédito há vinculação obrigatória do crédito transferido, e a nulidade acarreta a nulidade das posteriores.

Enquanto no endosso o endossatário pode cobrar a dívida de todos os coobrigados, na cessão civil de crédito o cessionário só pode cobrar a dívida do último devedor.

É nulo o endosso parcial, enquanto a cessão civil pode ser parcial e até mesmo condicional.

(d) *Aval* – Ato cambiário pelo qual terceiro garante o pagamento do título de crédito. Trata-se de garantia fidejussória de pagamento.

Neste momento nasce uma terceira figura no título de crédito, que é o *avalista*, ou seja, a pessoa que presta o aval. Para isso, basta a assinatura do avalista no título de crédito. Regra geral, é aposta na frente do título, mas nada obsta à sua inserção no verso. O avalista tem *responsabilidade solidária* pelo pagamento da obrigação, não podendo se beneficiar com o pedido de execução inicial do devedor. Ou seja: se o título não for pago no dia do vencimento, o credor poderá cobrá-lo diretamente do avalista, se assim o desejar. Não há o chamado benefício de ordem. Além disso, o aval é obrigação autônoma em que o avalista fica obrigado ao pagamento independentemente de qualquer relação com o avalizado.

Avalizado é exatamente o devedor do título, que recebe um benefício com o aval, pois a dívida inaugural agora é garantida perante o credor. Se o avalizado não pagar o título, o avalista terá de fazê-lo. A lei, entretanto, assegura ao avalista o direito de cobrar posteriormente o avalizado, mas somente por meio de regresso.

O aval diferencia-se da fiança.

Primeiro, o aval é privativo de direito cambial, enquanto a fiança é utilizada para qualquer contrato, e não para títulos de crédito.

O aval é obrigação *autônoma*, e é impossível pleitear o *benefício de ordem*, isto é, a cobrança do devedor principal e depois do avalista.

A fiança é garantia *acessória* da obrigação principal. A fiança admite benefício de ordem, devendo ser excutido primeiro o devedor principal, e depois o fiador.

Pagamento é o ato que configura o cumprimento da obrigação cambiária assumida pelo devedor, devendo o credor dar recibo aquele que tem a obrigação de pagar.

(e) *Protesto* – Embora não constitua necessariamente ato obrigatório, trata-se de ato formal, de natureza extrajudicial, que tem por objetivo conservar e ressalvar direitos e demonstrar que não foi efetuado o pagamento de um título de crédito, constituindo em mora o devedor.

Pelo art. 1º da Lei 9.492/1997 define-se o protesto como sendo "ato formal e solene pelo qual se prova a inadimplência e o descumprimento da obrigação originada em títulos e outros documentos de dívida".

Importante observar que tal conceituação legal não é correta, eis que pode existir protesto por falta de aceite em uma letra de câmbio, ou outro título qualquer, que não significará exatamente inadimplência, mas apenas não concordância com os termos do título sacado, como se vê do art. 21, *caput* e §§ 1º e 3º, da Lei 9.492/1997 e do art. 44 da Lei Uniforme de Genebra.

O protesto, a nosso sentir, é a marca de uma situação onde o apresentante do título demonstra a existência de uma relação jurídica qualquer, pendente de solução. Essa pendência tanto pode ser a inadimplência contratual, o não pagamento do título, como também a necessidade de se garantir de eventuais problemas advindos dessa relação jurídica.

8. Os títulos de crédito em relação ao direito falencial e/ou recuperacional brasileiro

Seguidamente constatamos grave erro de interpretação jurídica de pessoas ligadas aos credores de títulos de crédito que insistem em tentar incorporá-los aos processos falenciais e/ou recuperacionais sem a demonstração da natureza e/ou origem da cártula.

Trata-se de verdadeira exceção à regra geral da autonomia, cartularidade, literalidade, independência e abstração, pois tanto o diploma revogado quanto o atual exigem a prova da natureza e/ou da origem dos títulos de crédito para fazerem parte do passivo da massa.

Nesse sentido, o Decreto-lei 7.661/1945 era expresso no art. 80,[24] que fixava o prazo para a declaração do crédito e repetia a imposição no art. 82,[25] dispondo que no prazo marcado pelo juiz o credor deveria propor sua habilitação, provando a *origem* do seu crédito.

No capítulo das concordatas, determinava o art. 159 do revogado decreto-lei que o devedor deveria expor a natureza dos créditos, sendo que qualquer credor poderia se opor à mesma, cumprindo o disposto nos arts. 80 e 82, nos termos do art. 161, § 1º, do mesmo estatuto.[26]

De maneira mais simplista, a Lei 11.101, de 9.2.2005, trouxe todos os elementos necessários para a habilitação de crédito nas disposições gerais, determinando, no art. 9º, que o pedido deveria conter a origem do crédito.[27]

---

24. Decreto-lei 7.661/1945: "Art. 80. Na sentença declaratória da falência, o juiz marcará o prazo de 10 (dez) dias, no mínimo, e de 20 (vinte), no máximo, conforme a importância da falência e os interesses nela envolvidos, para os credores apresentarem as declarações e documentos justificativos dos seus créditos".

25. Decreto-lei 7.661/1945: "Art. 82. Dentro do prazo marcado pelo juiz, os credores comerciais e civis do falido e, em se tratando de sociedade, os particulares dos sócios solidariamente responsáveis são obrigados a apresentar, em cartório, declarações por escrito, em duas vias, com a firma reconhecida na primeira, que mencionem as suas residências ou as dos seus representantes ou procuradores no lugar da falência, a importância exata do crédito, *a sua origem*, a classificação que, por direito, lhes cabe, as garantias que lhes tiverem sido dadas, e as respectivas datas, e que especifiquem, minuciosamente, os bens e títulos do falido em seu poder, os pagamentos recebidos por conta e o saldo definitivo na data da declaração da falência, observando-se o disposto no art. 25" (grifos nossos).

26. Decreto-lei 7.661/1945: "Art. 159. O devedor fundamentará a petição inicial explicando, minuciosamente, o seu estado econômico e as razões que justificam o pedido. § 1º. A petição será instruída com os seguintes documentos: (...); VI – lista nominativa de todos os credores, com domicílio e residência de cada um, a natureza e o valor dos respectivos créditos; (...)".

"Art. 161. (...). § 1º. Estando em termos o pedido, o juiz determinará seja processado, proferindo despacho em que: (...); III – marcará, observado o disposto no art. 80 desta Lei, prazo para os credores sujeitos aos efeitos da concordata que não constarem, por qualquer motivo, na lista a que se referem os incisos V e VI do parágrafo único do art. 159, apresentarem as declarações e os documentos *justificativos* de seus créditos; (...)" (grifamos).

27. Lei 11.101/2005: "Art. 9º. A habilitação de crédito realizada pelo credor nos termos do art. 7º, § 1º, desta Lei deverá conter: I – o nome, o endereço do credor e o endereço em que receberá comunicação de qualquer ato do processo; II – o valor do crédito,

Assim como na concordata, agora, na recuperação judicial, a Lei de Recuperação de Empresas e Falências/LREF (n. 11.101/2005) volta a exigir que o devedor apresente a origem dos créditos declarados, conforme se vê do disposto no seu art. 51.[28]

Como se vê, a necessidade de comprovação da origem dos créditos para fins de falência e/ou recuperação de empresa está presa à necessidade de demonstração de lisura no procedimento concursal, não se admitindo a simples alusão às características e/ou princípios básicos dos títulos de crédito.

Daí por que a jurisprudência brasileira sempre se fixou na necessidade dessa prova, sendo que nos deparamos na prática com centenas de exclusões de habilitações de crédito sem a prova robusta de tal origem, por suspeita de ser o título constituído de forma espúria.

9. Dos títulos de crédito eletrônicos

Seria inconcebível dizer no começo do século XX que um dia existiria a possibilidade de uma pessoa sentar no conforto do sofá de sua casa e adquirir uma máquina de lavar louças, sem nem examinar o funcionamento da mesma, sem verificar o aspecto físico da máquina e colher outras informações sobre a mesma.

Atualmente, no início do século XXI, é quase impossível viver sem a presença da Internet, do telefone celular e outros aparelhos considerados "maravilhosos" pelo homem moderno, mas que absolutamente nada dizem aos índios e aborígenes, não civilizados.

A evolução do homem "moderno" gerou modificações sensíveis no dia a dia da sociedade, a ponto de permitir que as pessoas nem sequer se deem ao trabalho de sair do recesso de seus lares para fazer compras. Há no plano da Medicina, inclusive, novas doenças provenientes da

---

atualizado até a data da decretação da falência ou do pedido de recuperação judicial, *a sua origem* e a classificação; III – os documentos comprobatórios do crédito e a indicação das demais provas a serem produzidas; IV – a indicação da garantia prestada pelo devedor, se houver, e o respectivo instrumento; V – a especificação do objeto da garantia que estiver na posse do credor" (grifos nossos).
28. Lei 11.101/2005: "Art. 51. A petição inicial de recuperação judicial será instruída com: (...); III – a relação nominal completa dos credores, inclusive aqueles por obrigação de fazer ou de dar, com a indicação do endereço de cada um, a natureza, a classificação e o valor atualizado do crédito, *discriminando sua origem*, o regime dos respectivos vencimentos e a indicação dos registros contábeis de cada transação pendente; (...)" (grifos nossos).

ausência de tecnologia, como a monofobia[29] e a netfobia,[30] que exigem novas terapias.

Do lado empresarial essa evolução gerou a necessidade da criação de novos mecanismos de venda e compra de utensílios, equipamentos, máquinas etc., que atendessem à demanda cada vez mais rápida do mercado, com a rapidez que se espera dos negócios eletrônicos, mas que também contivessem segurança jurídica e possibilidade de acesso fácil.

9.1 Histórico

Logo após a II Grande Guerra Mundial, em 1947, foi criada a Organização Europeia de Cooperação Econômica/OECE, que tencionava apaziguar os problemas causados pelo grande embate e restabelecer a ordem nos Países, então em situação de penúria acentuada, com as economias castigadas pelo grande embate.

Em 1961 a OECE foi substituída por um grupo maior de Países democráticos, preocupados não só com o desenvolvimento econômico, mas agora, também, com os problemas sociais e ambientais decorrentes da atividade empresarial. Assim nasceu a Organização para a Cooperação e Desenvolvimento Econômico/OCDE, também preocupada com o comércio internacional.

Paralelamente, em 1947, 13 Países resolveram criar um grupo de estudo, dentro da Organização para Cooperação Econômica Europeia--OCDE, a fim de estabelecer uniões aduaneiras baseadas nos princípios do GATT.[31]

Em 1948 o grupo de estudo criou dois comitês: um econômico e um aduaneiro. O comitê econômico deu origem à OECE. E o comitê aduaneiro deu origem, em 1952, ao Conselho de Cooperação Aduaneira.

Como se vê, no ano de 1952 o comércio entre os povos sofreu uma intervenção nos aspectos relativos às administrações aduaneiras e na transferência de bens entre os povos com a criação da Organização Mundial Aduaneira/OMA, composta por 168 Países-membros.

Em 1964, na Conferência das Nações Unidas sobre o Comércio e Desenvolvimento/UNCTAD, houve uma preocupação crescente dos Países com a disseminação de políticas públicas sobre o comércio entre os

---

29. Medo de sair de casa sem o telefone celular ou de perder o mesmo.
30. Medo de ficar sem o uso da Internet (rede mundial de computadores).
31. Acordo Geral sobre Tarifas Aduaneiras e Comércio (em Inglês: *General Agreement on Tariffs and Trade*).

povos, tentando equacionar a possibilidade de regramento básico entre todos os integrantes do chamado bloco econômico.

Em 1966, estudos realizados por diversos segmentos da sociedade constataram que havia grande discrepância de legislações entre os Países para o chamado comércio internacional, o que provocava entraves das mais diversas ordens, sendo, então, criada a Comissão da ONU sobre o Direito Comercial Internacional/UNCITRAL, compostas por 60 Países- -membros, eleitos pela Assembleia-Geral da ONU, para tentar acabar com as desigualdades comerciais entre os Países e procurar, na medida do possível, unificar as políticas internas dos Países-membros, visando a um único viés legislativo, a fim de aparar as diferenças existentes.

Em 1994, o Conselho de Cooperação Aduaneira passou a se chamar Organização Mundial das Aduanas ou Organização Mundial das Alfândegas, com a mesma função de regulamentação e uniformização das práticas aduaneiras.

Na década de 1970 os Estados Unidos da América passaram a utilizar em larga escala as chamadas "notas eletrônicas"[32] (hoje comuns em qualquer parte do mundo), uma revolução ao antigo sistema de notas fiscais, em razão da facilidade de manuseio e segurança no controle dos impostos.

A partir daí, a crescente evolução do sistema gerou a necessidade de regulamentação, notadamente nos Países em desenvolvimento, como é o caso do Brasil.

Foi no centro dessas organizações mundiais que nasceram as primeiras práticas eletrônicas, com os despachos aduaneiros sendo transmitidos *on-line*, devido à necessidade de ampla e rápida comercialização de produtos.

A UNCITRAL passou a desenvolver procedimentos tendentes a estudar o fenômeno do crescimento do uso de computadores nas relações comerciais internacionais, gerando diversos estudos sobre o comércio eletrônico, inclusive com o aparecimento dos títulos de crédito eletrônicos.

Dentre os estudos desenvolvidos pela UNCITRAL sobre o comércio eletrônico está a criação de uma "lei-modelo" tendente a servir de base para que os Países integrantes possam incorporar aos seus ordenamentos jurídicos internos.

32. Ou *tickets* eletrônicos.

Podemos afirmar com segurança que um grande salto de rapidez no comércio internacional dado a partir da criação da "lei-modelo" está na adoção da chamada *assinatura digital*, prevista no art. 2º da versão de 2001, *in verbis*:

> Por assinatura eletrônica se entenderão os dados em forma eletrônica consignados em uma mensagem de dados, ou incluídos ou logicamente associados ao mesmo, que possam ser utilizados para identificar que o signatário aprova a informação reconhecida na mensagem de dados.

E, efetivamente, diversos Países passaram a incorporar aos seus ordenamentos internos o modelo desenvolvido pela UNCITRAL para a elaboração dos títulos de crédito eletrônicos, como Singapura (1998), Colômbia, Estados Unidos, Austrália e Coreia do Sul (1999), Reino Unido, Hong Kong, Mauritânia, Irlanda, Filipinas, Índia, México, França e Eslovênia (2000), Panamá, Jordânia e Venezuela (2001), Equador, Paquistão, Nova Zelândia, República Dominicana, Tailândia e África do Sul (2002), China (2004) e Sri Lanka (2006).

No Brasil, como sói acontecer, em que pese à ausência de legislação específica, em 2002 o Brasil aprovou seu novo Código Civil e, especificamente, o art. 889, § 3º, veio a permitir a emissão de títulos de crédito eletrônicos, desde que observados os requisitos mínimos exigidos para todos os títulos de crédito.[33]

Destarte, não há como negar que o meio eletrônico deve cumprir as mesmas funções do meio papel, gerando equivalência entre esses dois meios (computador e papel), desde que preenchidos os requisitos mínimos de integralidade, cartularidade e literalidade do título de crédito.

Paralelamente, sempre foi possível que a duplicata mercantil ou a de serviços fossem escriturada pelos meios "mecânicos", tendo surgido naturalmente a duplicata eletrônica (ou duplicata virtual), desde que obedecidos os requisitos exigidos pelo do art. 2º, § 1º, da Lei 5.474/1968 (Lei das Duplicatas), sendo que não se questionou jamais a lisura da sua emissão.

De outro lado, a Lei 9.492/1997 (Lei de Protestos), em seu art. 8º, parágrafo único, admitiu a recepção de indicações a protesto de dupli-

---

33. CC: "Art. 889. Deve o título de crédito conter a data da emissão, a indicação precisa dos direitos que confere e a assinatura do emitente. § 1º. É à vista o título de crédito que não contenha indicação do vencimento. § 2º. Considera-se lugar de emissão e de pagamento, quando não indicado no título, o domicílio do emitente. § 3º. O título poderá emitido a partir dos caracteres criados em computador ou meio técnico equivalente e que constem da escrituração do emitente, observados os requisitos mínimos previstos neste artigo."

catas mercantis e de prestação de serviços por meio magnético ou de gravação eletrônica de dados, ficando a cargo do apresentante a inteira responsabilidade pela lisura e integridade dos dados fornecidos, funcionando os tabelionatos como meros instrumentalizadores dos protestos.[34]

Como dissemos anteriormente, a chamada *assinatura digital* foi o grande marco para o desenvolvimento dos títulos de crédito eletrônicos, eis que cumpria suas três funções intrínsecas, previstas em quaisquer contratos:

• *autoral ou declarativa* – onde se determina quem é o autor da assinatura;

• *probante ou instrumental* – onde se determinam a autenticidade do documento e a vontade nele declarada;

• *declaratória* – onde se determina que o conteúdo expresso no contrato representa a vontade de quem o assinou.

Diante da assinatura eletrônica fica dispensada, por óbvio, a assinatura "de próprio punho", sendo que a responsabilidade pela certeza do título é toda daquele que detém a senha da assinatura eletrônica.

Em face da necessidade de operacionalizar os instrumentos virtuais, em 1999 o Brasil aprovou a Lei 9.800, que permitiu que tribunais e juízos recebessem petições e documentos endereçados aos mesmos, o que mostrou grande avanço na área virtual.

Como afirmamos anteriormente (vol I, cap. II, item 17.2.1), pela Medida Provisória 2.200-2/2001 foi instituída a Infraestrutura de Chaves Públicas Brasileira/ICP-Brasil, transformando o Instituto Nacional de Tecnologia da Informação/ITI em autarquia, órgão ligado à Casa Civil do Gabinete da Presidência da República, que criou a assinatura eletrônica por meio de criptografia assimétrica, ou de chave pública, que teve total aplicação aos títulos de crédito no Brasil, em face da redação do art. 1º, *in verbis*:

Fica instituída a Infraestrutura de Chaves Públicas Brasileira – ICP--Brasil, para garantir a autenticidade, a integridade e a validade jurídica de documentos em forma eletrônica, das aplicações de suporte e das

---

34. Lei 9.492/1997: "Art. 8º. Os títulos e documentos de dívida serão recepcionados, distribuídos e entregues na mesma data aos tabelionatos de protesto, obedecidos os critérios de quantidade e qualidade. Parágrafo único. Poderão ser recepcionadas as indicações a protestos das duplicatas mercantis e de prestação de serviços, por meio magnético ou de gravação eletrônica de dados, sendo de inteira responsabilidade do apresentante os dados fornecidos, ficando a cargo dos tabelionatos a mera instrumentalização das mesmas."

aplicações habilitadas que utilizem certificados digitais, bem como a realização de transações eletrônicas seguras.

O ITI é a Autoridade Certificadora Raiz (AC-Raiz) da ICP-Brasil, nos termos do art. 13 da Medida Provisória 2.200-2/2001. Sua atribuição principal é a de emitir, expedir, distribuir, revogar e gerenciar os certificados das Autoridades Certificadoras (AC de nível imediatamente subsequente ao seu), como a *Certificação Internacional*.

A *Certificação Digital* adota as práticas internacionais, especificamente nos aspectos referentes a títulos de crédito eletrônicos, a fim de proceder à identificação daqueles interessados em adquirir as senhas eletrônicas, constituídas de um par de chaves, mantendo contrato de emissão de assinaturas digitais registrado em Cartório de Registro de Títulos e Documentos, garantindo autenticidade aos títulos de crédito eletrônicos.

Outro fator determinante da criação e da circulação dos títulos de crédito eletrônicos encontra-se no chamado Sistema de Pagamento Eletrônico Brasileiro ou Sistema de Pagamento Brasileiro/SPB, instituído pelo BACEN através da Carta-Circular 3.001, de 11.4.2002.

Com base na obtenção de certificados digitais para operação no âmbito do SPB, fornecidos pela ICP-Brasil, nos termos do art. 3º do Decreto 3.996, de 31.10.2001, há permissividade da troca de dinheiro em tempo real entre as instituições financeiras e entre estas e o BACEN, fazendo com que as antigas compensações financeiras noturnas sejam meras informações de antanho.

O objetivo principal do BACEN é desestimular o uso do cheque – que obriga a compensação noturna –, fazendo com que a transação seja imediata e o risco seja nulo, nascendo daí outra prática que vem ganhando o dia a dia do brasileiro: a maior utilização dos cartões bancários, sejam estes de débito ou crédito, como forma de substituir os cheques.

De mais a mais, pela Lei 11.280, de 16.2.2006, posteriormente reformada pela Lei 11.419, de 19.12.2006, foi admitida a comunicação de atos dos tribunais por meio da ICP-Brasil, dando nova redação ao art. 154, parágrafo único, do CPC/1973, hoje art. 188 do CPC/2015.[35]

O STF, através da Resolução 350, de 29.11.2007, admitiu a recepção de petição eletrônica com certificação digital, instituída pela

---

35. CPC/2015: "Art. 188. Os atos e os termos processuais independem de forma determinada, salvo quando a lei expressamente a exigir, considerando-se válidos os que realizados de outro modo, lhe preencham a finalidade essencial".

ICP-Brasil, o que demonstra grande avanço exatamente no mais reticente a mudanças dos três Poderes da República. Tal modificação de pensamento inclusive alterou a rotina do STJ e do CNJ, com a mesma ótica modernizante.

Diante desse novo quadro jurídico instituído no Brasil, interessante é lembrar as precisas palavras de Régis Queiroz a respeito das mudanças de comportamento:

(...) o uso e o controle da chave privada devem ser de exclusividade do proprietário, permitindo a individualização da autoria da assinatura (função declarativa); a autenticidade da chave privada deve ser passível de verificação, a fim de ligar o documento ao seu autor (autenticação, ligada à função declaratória); a assinatura deve estar relacionada ao documento de tal maneira que seja impossível a desvinculação ou adulteração do conteúdo do documento sem que tal operação seja perceptível, invalidando automaticamente a assinatura (função probatória). Todos esses requisitos são preenchidos pela tecnologia da criptografia de chave pública, que é empregada nas assinaturas digitais.[36]

Renato Ópice Blum assevera:

A assinatura digital, por chaves públicas, oferece um elevado nível de segurança, proporcionando uma presunção muito forte de que o documento onde se encontra foi criado pela pessoa que é dele titular e, assim, satisfaz o objetivo do legislador na exigência de assinatura para atribuição de valor probatório aos documentos escritos.[37]

Portanto, não resta dúvida que o título de crédito eletrônico, gerado a partir de uma assinatura digital, preenche todos os requisitos básicos de autenticidade, validade, eficácia e integridade, necessários a todos os títulos de crédito emitidos eletronicamente, aptos a preencher os requisitos dos arts. 887 e 889 do CC/2002.

Assim, a partir dos princípios aplicados a todos os títulos de crédito (cartularidade, literalidade e autonomia), pode-se dizer que nasce outro princípio decorrente do comércio eletrônico e da emissão do título de crédito eletrônico, intitulado de *princípio da equivalência funcional* ou *princípio da não discriminação*.

36. Régis Magalhães Soares de Queiroz. *Direito e Internet – Aspectos Jurídicos Relevantes*, 2000.
37. Renato Muller da Silva Ópice Blum e Sérgio Ricardo Marques Gonçalves, *Comércio Eletrônico*, p. 35.

Por tal princípio não se pode negar eficácia, validade ou executividade ao título de crédito eletrônico ou qualquer outro documento eletrônico exclusivamente pelo fato de ter sido gerado por meio de um suporte ou meio eletrônico. Desse modo, há equivalência funcional do documento eletrônico ao criado em papel. Os mesmos defeitos daquele gerado em papel servem para o eletrônico, não podendo este sofrer represálias pelo simples motivo da sua geração eletrônica, desde que preenchidos os requisitos da ICP-Brasil.

É claro que pequenas adaptações devem ser observadas em relação aos documentos eletrônicos, notadamente os títulos de crédito, mas de antemão não podem ser desprezados.

Na célebre colocação de Cesare Vivante, que afirmou que o título de crédito é o "documento necessário para o exercício do direito literal e autônomo nele contido", pode-se perfeitamente fazer a adaptação para a existência do título de crédito eletrônico.

Assim, se vivo fosse, diria que o título de crédito é o *documento necessário para o exercício do direito literal e autônomo nele contido, gerado por meio manual ou eletrônico.*

9.2 Boleto bancário

Criado no Brasil, tornando-se hoje um dos mais eficazes e rápidos meios de cobrança e de compensação bancária, advindo das chamadas *fichas de compensação bancária*, o *boleto bancário* veio modificar a forma de cobrança. Existe em todo o território nacional, tendo se popularizado de tal maneira que hoje se admitem sua remessa pela Internet e seu pagamento em caixas eletrônicos, casas lotéricas, supermercados, *internet bankings,* agências dos Correios etc.

Inicialmente chamava-se de *bloquete,* ou *bloqueto,* pois a Carta-Circular 2.414 do BACEN determinava que fossem os avisos de cobrança confeccionados em blocos, serrilhados, com medidas padronizadas. Alguns chamam apenas de *título de cobrança,* mas ganhou força mesmo a expressão "boleto bancário", ou simplesmente "boleto", principalmente pela agilidade em ser emitido e pela facilidade de ser compensado pelos bancos. Há uma previsão de que são utilizados diariamente no Brasil mais de 4 milhões de boletos, ganhando o espaço dos cheques e do cartão de crédito.

O Centro Nacional de Estudos da Arrecadação Bancária/CENEA-BAN desenvolveu o formato dos bloquetos e suas características gerais para a cobrança por todas as instituições financeiras do Brasil, seguindo uma padronização da Federação Brasileira de Bancos/FEBRABAN. Assim, a função principal do *boleto bancário* é exatamente a de permitir a circulação do crédito nele contido, chegando alguns doutrinadores a dizer que se trata, pois, de verdadeiro título de crédito. Por conseguinte, por ele ter também os mesmos *elementos* dos demais títulos de crédito, tais como a letra de câmbio, o cheque, o conhecimento de depósito, o *warrant*, a nota promissória, a duplicata, entre outros – ou seja: *literalidade, cartularidade* e *autonomia* –, esses autores imaginam tratar-se de verdadeiro título de crédito, sem o ser efetivamente, como discutiremos no momento da análise da sua natureza jurídica.

Além do quê devemos destacar que os boletos ou bloquetos têm todos os elementos necessários dos títulos de crédito, que são os seguintes:

9.2.1 Elementos do boleto ou bloqueto de cobrança

9.2.1.1 Sacador ou instituição financeira

Quem manteve contrato firmado com o *cedente* do valor do crédito representado pelo boleto tem a responsabilidade da cobrança. O sacador ou instituição financeira exerce a função de cobrador do título repesentado pelo boleto, cobrando diretamente o sacado, lançando o crédito a favor do cedente.

9.2.1.2 Cedente ou contratante

É aquele que emite a ordem de cobrança. O cedente realizou negócio jurídico com o sacado, existindo um crédito a seu favor, cuja cobrança é delegada ao banco ou instituição financeira. Eventuais descontos, juros, multas etc. são de responsabilidade deste, sendo que o banco apenas recebe a ordem de cobrança. Se houver ajustes entre o cedente e banco para protesto do título, ambos deverão ser acionados em caso de abuso, eis que a instituição financeira recebe a cláusula-mandato mas não se exime de responsabilidade, pois é desta a responsabilidade pelo eventual protesto indevido. Recebido o valor do bloqueto, é repassada ao sacador a quantia cobrada e recebida. Exemplo típico é aquele proveniente das instituições particulares de ensino, onde o cedente fez o contrato de prestação de serviços ao aluno, mediante remuneração. Esta remuneração é feita pela cobrança de boletos.

9.2.1.3 Sacado ou contratado

É aquele que efetuou o negócio jurídico ensejador do boleto. É ele quem efetua o pagamento do boleto. No exemplo da prestação de serviços educacionais temos presente o aluno (ou seus responsáveis) como aquele que deve pagar o débito.

9.2.1.4 Valor do documento

É aquele valor que deverá ser quitado pelo sacado ou contratado, sendo que, regra geral, deverá o boleto bancário ser expresso em moeda corrente nacional. Porém, não obstante seja uma criação brasileira, não podemos excluir a emissão dos boletos em unidades monetárias distintas da moeda brasileira.

9.2.1.5 Data de vencimento

Na nossa ótica é o *dies ad quem* de validade do bloqueto. É a chamada *data-limite* para pagamento do título, sendo que a partir dessa data poderá haver a inclusão de juros, multas, vedações de pagamentos etc., tudo pactuado anteriormente entre sacador e sacado.

9.2.1.6 Código de barras

Não é necessariamente um elemento indispensável aos bloquetos bancários, mas os códigos de barras atualmente significam as representações gráficas dos dados inseridos no boleto, contendo 44 caracteres, a fim de serem lidos por leitor ótico ou *scanner*. Além disso, têm números próprios de cada série de boletos, de acordo com as classes emitentes, a fim de permitir pronta leitura e cobrança.

Assim, os boletos têm todos esses elementos próprios, tais como o *nome sacador*, o nome do *sacado*, *o nome do cedente*, mais alguns outros elementos inatos ao próprio boleto ou bloqueto, como o *número* ou *código do cedente*, sendo certo que há ainda outros elementos, *não essenciais*, como a existência ou não de *avalista,* de *fiadores*, a cláusula de possibilidade ou não de *aceite* etc. Ora, todos esses elementos são atinentes aos títulos de crédito em geral e deles fazem parte, inclusive os títulos de crédito eletrônicos, como já visto anteriormente, no capítulo próprio.

Em verdade, a utilização dos *boletos bancários* e sua difusão no cenário brasileiro decorreram da necessidade de modernização das operações comerciais em geral, como as das casas bancárias, das prestadoras de serviços, com o recebimento e pagamento de contas, o que acabou por trazer muitos benefícios e facilidades, diante dos seus efeitos práticos.

Diante disso, podemos dizer que o chamado *boleto bancário* tem a finalidade de tornar mais célere e objetiva a cobrança, fazendo com que o título tenha circulação muito mais rápida e segura do que no caso da necessidade da existência física de um documento e entrega do título a determinadas pessoas para cobrança. Interessante e oportuna a decisão do TJRJ na ACi 2004.001.07799 (rel. Des. Jessé Torres, j. 5.5.2004), onde destacadas essa rapidez e a inclusão do boleto bancário no sistema usual do mercado, valendo como prática corriqueira entre empresários e em relações comerciais.

Dentro dessa linha de raciocínio, onde se veem a facilidade e a rapidez da circulação dos títulos de crédito eletrônicos, inserem-se os boletos ou bloquetos bancários, gerados pelo *sacador* ou *emitente*, encaminhados para o *sacado* por meio eletrônico, geralmente pela *Internet*, sendo que o sacado imprime e faz a quitação ou nem imprime, fazendo a quitação por meio de sistemas de compensação bancários.

Exemplo típico é o caso dos alunos: a instituição de ensino emite o título, encaminha o boleto bancário ao aluno através de seu *e-mail*, com aviso de recebimento; o sacado imprime e faz a quitação por meio de serviços bancários ou também pela *Internet*. A prova do pagamento deverá ser feita pelo sacado, correndo por sua conta a impressão do documento do pagamento.

Assim, diante da necessidade de celeridade nas transações comerciais, os boletos tornaram-se muito eficazes no sistema de cobrança e compensação de créditos.

Porém, houve necessidade de regulamentação da matéria, sendo que o BACEN – dentro de seu poder normativo junto às instituições financeiras – passou a editar normas de regulação dos procedimentos visando à uniformização das compensações eletrônicas de cobrança, inclusive para a padronização dos boletos.

O BACEN acrescentou no seu *Manual de Normas e Instruções do Banco Central*/MNI o Título II, Capítulo 13, Seção 3, com rubrica sobre o *boleto bancário*, confirmando que essa modalidade de cobrança é utilizada para todas as modalidades de negociações, em substituição aos demais títulos de crédito.

9.2.2 Natureza jurídica dos boletos bancários

Alguns doutrinadores procuraram dar aos boletos bancários o *status* de títulos de crédito autônomos, porque contêm todos os elementos necessários à sua livre circulação. No entanto, em que pese ao fato de o argumento ser apaixonante, vários outros estudiosos discordam dessa posição, eis que entendem que os títulos de crédito contêm todos os elementos essenciais para sua existência, de maneira independente e autônoma de sua origem, ao passo que os boletos bancários não.

Explico melhor.

Em que pese a possuir todos os elementos necessários à cobrança de uma dívida, com a possibilidade de ser levado a protesto, o boleto, por si só, não compõe todo o quadro de título representativo de um crédito.

Pela análise dos normativos expedidos pelo BACEN, os boletos de cobrança são, além de documentos de compensação de valores, documentos representativos de dívida, dada sua finalidade nos dias atuais.

Cumpre ressaltar que o boleto bancário não nasce por si só, mas tem origem em uma compra e venda mercantil, ou uma prestação de um serviço ou cobrança originária de uma contraprestação etc. Desses negócios jurídicos – em que a extração de nota fiscal de prestação de serviços e/ou fatura é obrigatória – advém a transmissão de dados para a elaboração do boleto bancário.

O boleto, nessa situação, poderá ser emitido de diversas formas, inclusive, e mais frequentemente, por meio de transmissão *on-line* junto ao banco encarregado da cobrança direta ao consumidor *lato sensu*. Além disso, o BACEN autoriza ao próprio credor emitir boleto bancário e enviar a seu devedor, seguindo suas normas de autorização. Trata-se de formalização de um contrato preexistente entre o banco e o credor do título de crédito, ou apenas entre o credor e o devedor, quando houver autorização de emissão direta.

Desse modo, importante asseverar que é a emissão da fatura e/ou nota fiscal que representa a efetiva e real compra e venda e/ou prestação de serviços – obrigatoriamente expedida – que confere aos boletos bancários legalidade, veracidade e validade da cobrança.

Ora, se o boleto só poderá ser emitido de maneira unilateral pelo credor e/ou instituição financeira *após* a realização de negócio jurídico anterior, é claro que estamos diante de documento cuja *origem* é indispensável. Assim como a duplicata para a cobrança, o boleto bancário não existe por si só, estando umbilicalmente preso à sua origem.

Trata-se de documento de cobrança de título *causal*, pois necessariamente sua origem deve ser provada pela comprovação do negócio antecedente.

De outro lado, como não há *aceite* do devedor, ou na impossibilidade de apresentá-lo a tempo e prazo oportunos, fica o devedor (ou pseudodevedor) à mercê daquele que emitiu o boleto para cobrança, pois não há oposição à cobrança, mesmo que seja ela ilegal.

Como já vimos anteriormente, quando observamos os princípios que regem os títulos de crédito, forçoso concluir que o *boleto bancário* é composto de todas as características intrínsecas de um verdadeiro título de crédito.

À primeira vista parece-nos que os boletos têm todos os elementos caracterizadores – literalidade, autonomia, cártula, abstração e independência –, o que poderia alçá-los à categoria de títulos de crédito.

No entanto, falecem-lhes algumas características claras. A primeira é a falta de assinatura do devedor. Logo, não há aceite também, pois isto geraria mais transtornos do que praticidade, gerando insegurança jurídica ao credor, já que não teria condições plenas de cobrança, pois haveria um devedor incerto a ser cobrado.

Não têm autonomia, pois lhes falta a possibilidade de livre circulação, por meio de endosso, pois o endossante é o portador do título de crédito, que é o *credor* do título. No boleto *o portador é o devedor*. Inadmissível, pois, o endosso pelo devedor.

De outro lado, não há norma legal prevendo o boleto como título de crédito ou assemelhado, já que gerado apenas por meio de autorização do BACEN, inicialmente através de mera *carta-circular* permitindo sua criação e seu manejo.

O boleto bancário poderia ter sido mas não foi recepcionado pelo Código Civil/2002, não sendo caracterizado como título atípico ou inominado, pois não há aposição de assinatura. Falta-lhe supedâneo legal, ínsito aos demais títulos de crédito.

Diante desses argumentos – respeitando, porém as opiniões em contrário –, em verdade, o boleto ou bloqueto é apenas um instrumento de cobrança de título de crédito anteriormente existente.

9.2.3 *O protesto do boleto bancário*

Como já vimos, protesto é ato formal existente para resguardar direitos cambiários, feito diante do oficial de protestos, tendo caráter solene e público. A finalidade do protesto é constituir o devedor em mora.

Visando a dar agilidade às cobranças bancárias, foi permitida pelo BACEN a criação de um *formulário* padronizado, constante do MNI. É utilizado pelos bancos e por seus clientes para recebimento de valores quando existe compra e venda a prazo.

Mas a pergunta que se faz é saber se esse documento gerado unilateralmente tem condições suficientes de ser levado a protesto.

Pelo art. 1º da Lei 9.492/1997 (Lei do Protesto), qualquer documento apto à cobrança é também apto ao protesto, sendo que o boleto bancário, pela sua própria condição de ser documento literal e autônomo apto à cobrança de dívida representada por aquele que o emitiu dá azo também ao seu protesto.[38]

A razão é simples para a admissibilidade do protesto do boleto bancário: se este é um instrumento (ou documento) de cobrança de dívida, tendo todos os elementos necessários para sua cobrança, pode ser protestado.

Devemos fazer *interpretação analógica* com as duplicatas, mesmo porque o que condiciona a cobrança da duplicata é a emissão de nota fiscal por negócio anteriormente realizado. Daí, a mesma razão deve existir para se permitir o protesto do boleto bancário.

Além disso, os títulos de crédito eletrônicos existem exatamente para a simplificação das relações negociais e para desburocratizar os meios de produção. Assim, o protesto do bloqueto é uma das evoluções do sistema de produção e compensação de créditos.

E a jurisprudência pátria já admitiu o protesto do boleto bancário alhures (TJPR, AC 307.464-8, de Londrina, rel. Des. Sílvio Dias).

Desse modo, podemos concluir que o protesto do boleto bancário, à falta de permissivo legal próprio, deve seguir os mesmos moldes daquilo que é exigido para o protesto das duplicatas, em face de interpretação analógica. Mesmo porque tanto um como a outra são emitidos unilateralmente, e seus protestos independem da existência formal do título originário, exigível apenas em caso de cobrança.

Precisamos ficar atentos, por outro lado, para o fato de que os protestos em sua enorme e esmagadora maioria não são mais documentados, mas feitos por meio de *indicação*, deixando de existir no mundo de papel (físico), para se fazerem presentes no mundo virtual, deixando de existir materialmente, em razão da simplificação dos meios de comunicação.

---

38. Lei 9.494/1997: "Art. 1º. Protesto é o ato formal e solene pelo qual se prova a inadimplência e o descumprimento de obrigação originada em títulos e outros documentos de dívida".

Parte II
TÍTULOS DE CRÉDITO EM ESPÉCIE

O Brasil é pródigo na adoção de títulos de créditos. Aqui, procuraremos estudar os principais e mais comuns. Da enorme plêiade de títulos de crédito no Direito Brasileiro podemos destacar quatro que, pela sua importância e sua enorme utilização nacional, merecem destaque: as letras de câmbio, as notas promissórias, os cheques e as duplicatas.

Vamos estudá-los separadamente, partindo da letra de câmbio, que foi a primeira cártula a ser instituída, sendo a mais formal de todos os demais títulos de crédito, constituindo, por assim dizer, a "porta de entrada" dos demais. Sua importância é histórica e conceitual, eis que os demais títulos de crédito são baseados na sua própria concepção, com ampla visualização dos outros mecanismos de títulos de crédito.

Dessa maneira, embora as letras de câmbio sejam cada vez mais raras no direito empresarial, podemos dizer, sem sombra de dúvidas, que são a principal ferramenta dos títulos de crédito, inclusive com ampla base estrutural. Assim, não existindo disposição expressa em sentido contrário, haveremos que nos louvar nos predicados próprios das letras de câmbio em primeiro lugar, e posteriormente, no que couber, nas notas promissórias, instrumentos jurídicos sempre presentes nos demais títulos de crédito.

Capítulo II
LETRA DE CÂMBIO

1. Breve história da letra de câmbio. 2. Requisitos legais. 3. Do vencimento da letra de câmbio. 4. Do aceite da letra de câmbio. 5. Do endosso da letra de câmbio. 6. Do aval da letra de câmbio. 7. Pagamento da letra de câmbio. 8. Protesto da letra de câmbio. 9. Da intervenção em letras de câmbio. 10. Da execução cambial. 11. Da prescrição da ação cambial.

A letra de câmbio é uma ordem de pagamento à vista ou a prazo. Como toda ordem de pagamento, nela encontramos sempre três personagens cambiários:

(a) *Emitente ou sacador* – Pessoa que emite o título; aquele que manda o outro pagar. É quem faz nascer o título de crédito.

(b) *Sacado* – Pessoa que recebe a ordem e deve cumpri-la; aquele que paga; É a pessoa que tem uma obrigação para com o sacador ou emitente e que poderá ser compelido a pagar.

(c) *Tomador ou beneficiário* – Pessoa que se beneficia da ordem de pagamento; é exatamente aquele em favor de quem a ordem foi dada, isto é, é o credor do título de crédito.

Quando uma pessoa faz a emissão do título de crédito, diz-se que houve um *saque*, que no caso presente se caracteriza por ser o ato de lançamento da letra de câmbio. Para Pontes de Miranda o saque é a "operação pela qual o sacador indica o nome de outro como possível obrigado".[1]

Logo, é com o saque que o tomador está autorizado a procurar o sacado para receber a quantia referida no título, mesmo porque é com que este ato que o sacador se torna devedor da obrigação assumida.

Nos dizeres de Maria Eugênia Finkelstein:

1. F. C. Pontes de Miranda, *Tratado de Direito Cambiário*, 2ª ed., p. 137.

Outro efeito do saque é tornar o sacador vinculado ao pagamento da letra de câmbio. O sacado é quem deverá pagar o título, mas, caso o sacado não o faça, o tomador poderá cobrar a obrigação consignada na letra de câmbio do sacador.[2]

Daí por que tanto a letra de câmbio quanto a nota promissória são normalmente designadas pelo termo "cambial".

1. Breve história da letra de câmbio

Não existe controvérsia a respeito de seu nascimento, sendo unânime a certeza de que tal espécie de título de crédito surgiu na Idade Média, nas Cidades-Estados italianas, em especial Gênova, Veneza, Milão etc., onde o comércio interestadual se popularizava mas havia o inconveniente de que uma cidade não aceitava a moeda da outra, o que provocava grande demanda de tempo e dinheiro, obrigando os viajantes a transportar enormes somas em espécie (papel-moeda ou ouro, prata etc.) para a permuta na outra Cidade-Estado.

Como as viagens interestaduais e até mesmo as intermunicipais eram sempre arriscadas, com o inconveniente de assaltos, os comerciantes italianos passaram a utilizar a técnica de emissão de *lettere di pagamento*, que nada mais eram do que a prática da admissão de uma dívida (*cautio*) perante um banco, que era o guardador do valor correspondente, sendo que o tomador da *lettera* comparecia perante o sacado (banco do mesmo *signore*) e recebia o valor correspondente a tal cártula.

Tal formato de ordem de pagamento ganhou a Europa, sendo que na França a partir do século XVII surgiram o endosso e o aceite da letra de câmbio, e no século XIX na Alemanha é que a letra de câmbio acabou por se tornar propriamente instrumento de crédito, ganhando de vez o *status* de título de crédito representativo de um valor a ser pago *ad futurum*.

2. Requisitos legais

Importante observar que a letra de câmbio é *documento formal*, *abstrato* da causa que a gerou, devendo, por isso, obedecer a diversos *requisitos* previstos em lei.

Esses requisitos são aqueles constantes do art. 1º do Anexo I da Lei Uniforme de Genebra (Decreto 57.663/1966):

2. Finkelstein, *Direito Empresarial*, cit., 2ª ed., p. 116.

- A denominação "Letra de Câmbio" escrita no texto do documento.
- A *quantia* que deve ser paga, sendo imprescindível especificar a *espécie* da moeda (Dólar americano, Real, Euro etc.).
- O *nome do sacado*, ou seja, a pessoa que deve pagar a letra, com sua correta *identificação*.
- O *nome do tomador*, ou *beneficiário*, isto é, a pessoa a quem o título deve ser pago.
- A *data* e o *lugar* onde a letra é sacada.
- A *assinatura do sacador*, ou seja, a pessoa que emite o título, a pessoa que passa o título.

Nada obstante, ainda há outros requisitos não essenciais da letra de câmbio, que podem ser suprimidos sem que invalidem a ordem de pagamento.

São eles: (a) a data do pagamento – nada existindo a respeito, considerar-se-á como vencimento à vista, mediante apresentação; (b) o local do pagamento – sendo que, se nada houver sigo consignado, será considerado como local de pagamento o local do domicílio do sacado ou o local indicado ao lado de seu nome.

Desse modo, está expresso na Lei Uniforme, no art. 2º, que a falta desses requisitos não desnatura o conceito do título de crédito.

Nos termos da Súmula 387 do STF, a cambial pode ser sacada ou pode circular "em branco" ou "incompleta", mas deve ter seus requisitos preenchidos antes da data do seu vencimento ou protesto, pelo credor de boa-fé.[3]

Diante da inflação galopante que o Brasil viveu antes do advento do "Plano Real" era comum a emissão de cambiais sem o valor exato expresso, mas indexadas ou com cláusula de correção monetária, sendo que tal forma de preenchimento gerou controvérsias jurídicas, prevalecendo o entendimento de que a lei não proíbe a emissão de cambial indexada ou com cláusula de correção monetária, desde que o índice seja oficial ou de amplo conhecimento.

3. Do vencimento da letra de câmbio

Como já expusemos anteriormente, a letra de câmbio poderá apresentar as seguintes formas de vencimento, nos termos do art. 33 da Lei Uniforme de Genebra:

---

3. STF: "Súmula 387. A cambial emitida ou aceita com omissões, ou em branco, pode ser completada pelo credor de boa-fé antes da cobrança ou do protesto".

(a) *À vista* – Quando não há data fixada na letra, deve-se contar como a data da apresentação do título ao sacado.

(b) *A dia certo* – Ao contrário, o sacador fixa uma data específica como sendo a data do vencimento da letra.

(c) *A termo (tempo) certo da data* – O sacador fixa um prazo a contar da data de emissão para que se dê o vencimento da letra de câmbio. Por exemplo, em três meses da data da emissão.

(d) *A termo (tempo) certo da vista* – O prazo para o vencimento da letra só começa a correr a partir da data do aceite ou, na falta deste, do protesto. Exemplo: a letra vencerá três meses a partir da data em que o sacado aceitar o pagamento. Isto obriga o tomador ou beneficiário a apresentar o título a aceite do sacado, o qual deverá apor sua concordância com o pagamento futuro. A partir da data do aceite é que começa a fluir o prazo de pagamento.

4. Do aceite da letra de câmbio

Como se viu acima, o aceite é ato cambiário pelo qual o sacado de um título de crédito concorda em cumprir a ordem que lhe é dada e se vincula ao pagamento. É através do aceite que o sacado se obriga cambiariamente. Tal forma de proceder encontra-se definida no Capítulo III da Lei Uniforme (arts. 21-29).

Gize-se, desde já, que, a rigor, o aceite não é obrigatório, ou seja, nada obriga o sacado a aceitar nem mesmo uma obrigação preexistente para com o sacador. O sacado de uma letra de câmbio, a rigor, não tem nenhuma obrigação cambial pelo fato de o sacador ter emitido uma ordem de pagamento para que ele pague a obrigação. Desse modo, fica claro que o sacado somente restará vinculado à obrigação se concordar com a ordem e fizer o "aceite" daquela ordem de pagamento que lhe foi dirigida.

Theóphilo de Azeredo Santos dizia que

aceite é a declaração unilateral de vontade, facultativa, pela qual o sacado assume a obrigação de realizar o pagamento de soma indicada no título dentro do prazo ali especificado, tornando-se assim responsável direto pela execução da obrigação incondicional.[4]

Sobre o aceite surgem diversas situações previstas na Lei Uniforme, como veremos em seguida.

---

4. Theóphilo de Azeredo Santos, *Do Aceite*, p. 16.

LETRA DE CÂMBIO 49

Primeiramente, o aceite poderá ser realizado de duas maneiras:

(a) *Integralmente* – O sacado aceita pagar o valor ali estipulado.

(b) *Parcialmente* – Há, logicamente, anuência parcial com uma das duas situações, nos termos do art. 26 da Lei Uniforme:

(b.1) *Aceite parcial limitativo* – Quando o sacado concorda em pagar parte do valor expresso na letra de câmbio.

(b.2) *Aceito parcial modificativo* – Quando o sacado altera condições de pagamento do título de crédito.[5]

De qualquer modo, seja o aceite parcial ou integral, terá o condão de acarretar o vencimento antecipado do título.

Para que o sacado concorde com o pagamento do título emitido deve apor seu "aceite" no anverso da letra de câmbio, geralmente à esquerda e na vertical. Nesta hipótese não há necessidade de identificação do ato cambiário.

Pelo art. 25 da Lei Uniforme, não existe forma ortodoxa, podendo o aceite também ser aposto no verso do documento, desde que identificada a natureza do ato praticado pelo termo "aceito", ou termo equivalente, como "concordo", "de acordo", ou até mesmo exarando a assinatura no verso da letra, demonstrando inequívoca vontade de pagá-la num futuro próximo.[6]

Caso haja recusa do sacado em aceitar a letra de câmbio, esta recusa tem o efeito de produzir o vencimento antecipado do título de crédito, nos termos do art. 43, 1º, da Lei Uniforme.[7]

Do mesmo modo, se o sacado não aceitar a ordem de pagamento que lhe foi dirigida, o tomador poderá cobrar a letra de câmbio de imediato do sacador. Por conta disso, o sacador é considerado como coobrigado ao pagamento da letra. Uma das formas de provar a recusa do aceite é através do protesto por falta de aceite do sacado.

---

5. Lei Uniforme: "Art. 26. O aceito é puro e simples, mas o sacado pode limitá-lo a uma parte da importância sacada. Qualquer outra modificação introduzida pelo aceite no enunciado da letra equivale a uma recusa de aceite. O aceitante fica, todavia, obrigado nos termos do seu aceite".

6. Lei Uniforme: "Art. 25. O aceite é escrito na própria letra. Exprime-se pela palavra 'aceite' ou qualquer outra palavra equivalente; o aceite é assinado pelo sacado. Vale como aceite a simples assinatura do sacado aposta na parte anterior da letra".

7. Lei Uniforme: "Art. 43. O portador de uma letra pode exercer os seus direitos de ação contra os endossantes, sacador e outros coobrigados: no vencimento; se o pagamento não foi efetuado; mesmo antes do vencimento: 1º) se houve recusa total ou parcial de aceite; (...)".

Quando há o aceite, isto tem o significado de torná-lo o principal devedor do título, nos termos do art. 28 da Lei Uniforme.[8]

O momento do aceite será qualquer data anterior à data de vencimento da letra de câmbio, conforme se depreende da leitura do art. 21 da Lei Uniforme:

> A letra pode ser apresentada, *até o vencimento*, ao aceite do sacado, no seu domicílio, pelo portador ou até por um simples detentor (grifos nossos).

A letra também poderá ser apresentada para aceite com ou sem fixação de prazo, nos termos do *caput* do art. 22 da Lei Uniforme: "O sacador pode, em qualquer letra, estipular que ela será apresentada ao aceite, *com* ou *sem* fixação de prazo".

Da mesma forma, é possível que o sacador proíba o aceite. Para isso deve constar da letra a chamada cláusula "não aceitável" ou letra de câmbio "sem aceite". Isso se deve ao fato de que, nos termos do art. 22 da Lei Uniforme, assim fazendo, não poderá haver o vencimento antecipado da letra de câmbio por recusa em aceitar.

Dessa maneira, apresentada a letra ao sacado, havendo recusa do aceite, o sacado não fica obrigado cambiariamente, devendo o tomador se voltar contra o sacador. Caberá apenas contra o sacado a *ação ordinária* (ação de conhecimento), na qual deve ser mencionada a origem do débito, não valendo perante o sacado aqueles princípios ou características básicos dos títulos de crédito em geral.

Nos dizeres de Finkelstein:

> Em relação ao sacado da letra de câmbio, a recusa do aceite não opera nenhum efeito cambiário. Reconhece-se ao tomador, então, o direito de exigir prontamente do sacador o cumprimento da ordem que ele havia emitido.[9]

Importante asseverar que todo aceite é passível de *cancelamento*. Porém, para que seja possível o cancelamento do aceite é exigível, no entanto, que este seja anterior à restituição do título de crédito ao bene-

---

8. Lei Uniforme: "Art. 28. O sacado obriga-se pelo aceite pagar a letra à data do vencimento. Na falta de pagamento, o portador, mesmo no caso de ser ele o sacador, tem contra o aceitante um direito de ação resultante da letra, em relação a tudo que pode ser exigido nos termos dos arts. 48 e 49".

9. Finkelstein, *Direito Empresarial*, cit., 2ª ed., p. 121.

ficiário. Pode ocorrer, todavia, que tenha existido um aceite e este tenha sido cancelado pelo próprio sacado, sendo que a própria Lei Uniforme garante a validade desse cancelamento, nos termos do art. 29, nestes termos:

Se o sacado, antes da restituição da letra, riscar o aceite que tiver dado, tal aceite é considerado como recusado. Salvo prova em contrário, a anulação do aceite considera-se feita antes da restituição da letra. Se, porém, o sacado tiver informado por escrito o portador ou qualquer outro signatário da letra de que aceita, fica obrigado para com estes, nos termos do seu aceite.

A doutrina chama de "prazo de respiro" aquele em que o sacado tem o direito de pedir que a letra lhe seja reapresentada no dia seguinte à primeira apresentação para aceite, para que ele possa realizar consultas e deliberar sobre a conveniência, ou não, de aceitar a letra de câmbio, analisando sua contabilidade, bem como a validade de sua emissão etc.

Antigamente, se o sacado retivesse indevidamente a letra de câmbio que lhe foi apresentada para aceite, poderia ficar à mercê de prisão administrativa (art. 885 do CPC/1973), mas, diante da evolução do nosso sistema constitucional, tal medida coercitiva, de natureza civil, destinada exclusivamente a forçar a restituição da letra ao portador, já estava derrogada, principalmente pelo Pacto de San José da Costa Rica, tratando-se de disposição sem sanção penal.

5. Do endosso da letra de câmbio

Como já afirmamos acima, o endosso é instituto próprio do direito cambial, consistente na transferência da titularidade de um crédito para outra pessoa.

Assim, temos a figura do *endossante*, que é aquele que transfere o título de crédito, e a do *endossatário*, que vem a ser aquele para quem o título de crédito é cedido.

O endosso, nos termos do art. 12 da Lei Uniforme, deve ser feito "puro e simples", sendo que "qualquer condição a que ele seja subordinado considera-se como não escrita". E, ainda: "O endosso parcial é nulo".

"Puro e simples" deve ser entendido como a mera assinatura do endossante na letra de câmbio para se transferir a propriedade. Se o endossante for analfabeto, por óbvio, precisará nomear mandatário para endossar em seu nome um título de crédito.

Pelo art. 15 da Lei Uniforme, o endossante é *garante* do título de crédito, na qualidade de coobrigado, tanto na aceitação como no pagamento da letra. E, ainda, pode proibir novo endosso, conforme a parte final do mesmo art. 15, *in verbis*:

> O endossante, salvo cláusula em contrário, é garante tanto da aceitação como do pagamento da letra. O endossante pode proibir um novo endosso, e, neste caso, não garante o pagamento às pessoas a quem a letra for posteriormente endossada.

Já vimos anteriormente – mas nunca é demais repisar – quais são as espécies de endosso:

(a) *Endosso próprio* – Aquele translativo de propriedade. Este endosso pode ser em preto ou em branco. *Endosso em preto* é aquele que especifica o nome do endossatário, e o *endosso em branco* não identifica o endossatário e transforma o título de crédito em título ao portador. Para ter validade, este título em branco deve ser transformado em endosso em preto antes da data do seu efetivo pagamento.

(b) *Endosso impróprio* – Não é propriamente uma transferência da propriedade do título, mas apenas a autorização para cobrança do mesmo. O endosso impróprio pode ser de três tipos:

(b.1) *Endosso mandato* – Cuja característica é a não transferência da propriedade do título de crédito, mas apenas investir o endossatário na qualidade de mandatário para o fim especial de cobrar título de crédito. Deve, para tanto, constar a expressão "valor a cobrar".

(b.2) *Endosso caução ou endosso pignoratício* – Promove a transferência da cambial a título de penhor e a propriedade cambial não é transferida (art. 19 da Lei Uniforme[10]).

(b.3) *Endosso sem garantia* – Aquele em que se transfere a propriedade do título de crédito sem se obrigar ao seu pagamento. Deve haver a expressão "válido sem garantia". Este tipo de endosso está em franco desuso no Brasil.

(c) *Endosso póstumo* – Aquele em que se dá a transferência do título após a ocorrência do protesto por falta de pagamento. O endossante não

---

10. Lei Uniforme: "Art. 19. Quando o endosso contém a menção 'valor em garantia', 'valor em penhor' ou qualquer outra menção que implique uma caução, o portador pode exercer todos os direitos emergentes da letra, mas um endosso feito por ele só vale como endosso a título de procuração. Os coobrigados não podem invocar contra o portador as exceções fundadas sobre as relações pessoais deles com o endossante, a menos que o portador, ao receber a letra, tenha procedido conscientemente em detrimento do devedor".

se obriga cambiariamente ao pagamento do título de crédito. Neste caso o endosso tem efeito de cessão civil.

Como regra, o endosso é lançado no verso do título de crédito, sem identificação do ato. Porém, nada impede que seja lançado no anverso, contanto que seja feita a identificação do ato.

Importante asseverar neste momento que não existe a menor semelhança entre os institutos da cessão civil e do endosso, que são coisas absolutamente distintas.

O chamado "Plano Collor" (Lei 8.021, de 12.4.1990), que impediu o endosso de títulos ao portador ou nominativo-endossáveis, gerou inicialmente discussão sobre as letras de câmbio e as notas promissórias, sendo que os tribunais passaram a entender que a cláusula restritiva se cingia exclusivamente às ações e às debêntures.

Por força das questões judiciais, o STJ decidiu que

a Lei n. 8.021/1990 não impede que a propriedade dos títulos de crédito em geral seja transferida por endosso. A circulação dos títulos de crédito é essencial para o sadio desenvolvimento das atividades comerciais.[11]

Assim também entendeu a doutrina dominante, prevalecendo, pois, essa mesma opinião sobre a possibilidade de transmissão por endosso das letras de câmbio, tão salutar ao comércio como um todo.

6. Do aval da letra de câmbio

Entende-se por *aval* uma obrigação cambiária assumida por alguém como garantia de pagamento firmada por terceiro. Assim, quem dá o aval passa a se chamar "avalista" e assume a posição de devedor de um título de crédito, nascendo daí dupla garantia para o credor, pois terá ação tanto contra o avalista (*pessoa que prestou o aval*) como contra o avalizado (*aquele em favor de quem foi prestado o aval*).

Por sinal, a clareza do art. 31 da Lei Uniforme é patente:

O aval é escrito na própria letra ou numa folha anexa. Exprime-se pelas palavras "bom para aval" ou por qualquer fórmula equivalente; e assinado pelo dador do aval. O aval considera-se como resultante da simples assinatura do dador aposta na face anterior da letra, salvo se se

---

11. STJ, 3ª Turma, REsp 120.173-MG, rel. Min. Antônio de Pádua Ribeiro, j. 29.3.1995, *DJU* 18.4.2005, p. 303.

trata das assinaturas do sacado ou do sacador. O aval deve indicar por quem se dá. Na falta de indicação, entender-se-á pelo sacador.

Destarte, o aval é formalizado com a assinatura do avalista no anverso do título de crédito ou em folha avulsa, a qual, todavia, tem que ser anexada ao título de crédito. Ora, sendo o aval lançado no verso do título, deve ser identificado mediante a expressão "bom para aval" ou equivalente.

Trata-se de instituto autônomo em relação ao título de crédito, posto que, embora possa até ser anulada a obrigação principal, o aval continua intacto.

É uma das consequências naturais da autonomia do aval em relação à obrigação originária. Há várias hipóteses cabíveis, como a incapacidade do emitente do título de crédito ou eventual pedido de recuperação de uma empresa emitente etc. Tudo isso, porém, não invalida o aval, eis que o credor tem ação direta contra o avalista, conforme estampado no art. 32, segunda parte, da Lei Uniforme, nestes termos:

> A sua obrigação mantém-se, mesmo no caso de a obrigação que ele garantiu ser nula por qualquer razão que não seja um vício de forma.

Nos termos do art. 32 da Lei Uniforme, o avalista é responsável da mesma forma que a pessoa que foi afiançada, não podendo opor qualquer exceção. Desse modo, eventual nulidade da obrigação do avalizado não compromete a do avalista.[12]

O avalista é responsável perante os credores do avalizado. Tem ele a obrigação de pagar o débito decorrente do aval, e somente depois de efetuado o pagamento é que o avalista terá direito de regresso em face dos coobrigados anteriores e do próprio avalizado.

Há um *conflito aparente de normas* tratando do aval parcial, pois o art. 30 da Lei Uniforme entende que o aval pode ser incompleto ou parcial, enquanto o parágrafo único do art. 897 do CC vedou o aval parcial, expressamente.[13]

---

12. Lei Uniforme: "Art. 32. O dador de aval é responsável da mesma maneira que a pessoa por ele afiançada. A sua obrigação mantém-se, mesmo no caso de a obrigação que ele garantiu ser nula por qualquer razão que não seja um vício de forma. Se o dador de aval paga a letra, fica sub-rogado nos direitos emergentes da letra contra a pessoa a favor de quem foi dado o aval e contra os obrigados para com esta em virtude da letra".
13. CC: "Art. 897. O pagamento de título de crédito, que contenha obrigação de pagar soma determinada, por ser garantido por aval. Parágrafo único. É vedado o aval parcial."

No entanto, a questão pode ser dissipada com uma intelecção clara de que a Lei Uniforme permite o aval parcial, enquanto o Código Civil, nos chamados *títulos de crédito atípicos* (os do Código Civil), não permitiu que houvesse o aval parcial, e isto o fez de maneira expressa, enquanto nos *títulos de crédito típicos* (letra de câmbio, nota promissória, cheque, duplicata etc.) há tal possibilidade.

Esse também é o pensamento de Marlon Tomazette.[14]

Assim como o endosso, tem-se entendido que o aval pode ser de duas formas: *em branco* ou *em preto*.

Diz-se que o aval é *em branco* quando não for indicado o nome do avalizado, sendo presumido que este será o sacador, nos termos do art. 31 da Lei Uniforme.

Já, o *aval em preto* tem a indicação do nome do avalizado.

Nada impede, de outro lado, que exista no mesmo título mais de um avalista garantindo a obrigação cambiária.

Neste caso chama-se *aval simultâneo*, não podendo nenhum dos avalistas, por outro lado, exigir benefício de ordem para o pagamento do débito, eis que todos os avalistas serão solidários.

7. Pagamento da letra de câmbio

O principal objetivo da emissão de um título de crédito é seu pagamento, e, por isso, constitui a meta principal da emissão de uma letra de câmbio.

É claro que o pagamento da letra de câmbio é obrigação do devedor. Mas, em razão da existência de três figuras cambiais, este pagamento deve ser *solicitado pelo credor*, pois, devido à circulação do título, o devedor não tem condições de saber quem é o credor, até o momento em que este se identifique por meio da apresentação da letra de câmbio.

Quando há o pagamento, a letra obrigatoriamente deve ser entregue ao devedor, não podendo existir qualquer tipo de recusa por parte do credor.

Desse modo, aquele que se considera credor e é o portador da letra de câmbio deverá apresentá-la ao sacado para pagamento, a não ser que o sacado já tenha aceitado a letra e/ou possua avalista. Neste caso o cre-

14. Marlon Tomazette, *Curso de Direito Empresarial. Títulos de Crédito*, vol. 2, p. 126.

dor, à sua opção, tem a faculdade de apresentar a letra tanto ao devedor principal como ao seu avalista.

A posse da letra de câmbio em poder do devedor faz presumir que já houve o pagamento, considerado este, pois, como sendo *pagamento presumido*.

De outro lado, se o devedor tem a intenção de quitar seu débito, sem que a letra lhe seja entregue pelo credor ou não lhe seja apresentada para pagamento, tem o devedor o direito de depositar a quantia em juízo, e o juiz da Comarca oficiará aos cartórios de protesto da praça, nos termos do art. 42 da Lei Uniforme.

Chama-se a tal ação, impropriamente, de *ação de depósito*, sendo que poucos autores admitem a ação de consignação em pagamento, como Filkenstein,

pois nesta última haveria necessidade de identificação do credor, necessidade, esta, inexistente na ação de depósito.

Em princípio o pagamento deve ser feito no valor integral constante da letra de câmbio. No entanto, a Lei Uniforme admite o pagamento parcial ao prescrever, em seu art. 39, que o portador não pode recusar qualquer pagamento parcial.

8. Protesto da letra de câmbio

Nos termos do art. 1º da Lei 9.492/1997, protesto é o

ato formal e solene pelo qual se prova a inadimplência e o descumprimento de obrigação originada em títulos e outros documentos da dívida.

Entretanto, não se pode dizer que em tal definição estaria englobado também o protesto por *falta de aceite* quando se tratar de letras de câmbio.

O protesto puro e simples é ato formal extrajudicial que objetiva conservar e ressalvar direitos. Não tem nenhuma outra característica a não ser a de demonstrar que determinado devedor não honrou compromisso anteriormente assumido, isto é, não foi efetuado o pagamento relativo a um título de crédito.

Dessa forma, podemos dizer que o protesto é elemento que positiva o não cumprimento da obrigação cambial, caracterizando a mora do devedor.

Segundo Fábio Ulhoa Coelho, vem a ser o protesto

o ato praticado pelo credor, perante o competente cartório, para fins de incorporar ao título de crédito a prova de fato relevante para as relações cambiais, como, por exemplo, a falta de aceite ou de pagamento da letra de câmbio.[15]

Entretanto, forçoso é convir que as letras de câmbio têm duas *formas* ou duas *modalidades* principais de protesto.

A *primeira* das formas ou modalidades é o *protesto por falta de aceite ou por recusa de aceite*, enquanto a *segunda* é a por *falta ou recusa de pagamento*.

É certo que a letra de câmbio tem três personagens cambiais, sendo que o sacado deve pagar a letra. Logo, é possível que o sacado venha a recusar seu aceite quando da apresentação da letra de câmbio ou, ainda, se negue terminantemente a aceitar o pagamento. É imperioso lembrar que não há regras para obrigar o sacado a aceitar a ordem constante da letra de câmbio.

Dessa maneira, caso o sacado não aceite a ordem de pagamento emitida na letra de câmbio (ou seja, que ele, sacado, pague), é necessário provar efetivamente a recusa do sacado, sendo que o único modo previsto na legislação cambiária é por meio do protesto por falta de aceite, também conhecido por *protesto por recusa de aceite*.

Dessa maneira, o protesto possibilita que o portador da letra de câmbio possa exercer o direito contra os coobrigados anteriores, antes do vencimento do título.

Assim, temos presente que o protesto deverá ser dividido em duas formas ou modalidades.

O protesto será *necessário* em relação aos *coobrigados anteriores*; e *facultativo* em relação ao *aceitante* e eventualmente em relação ao seu avalista.

Lembremos do chamado "prazo de respiro", em que o aceitante (ou sacado) deverá analisar a possibilidade de pagar o título ou não, sendo que nesse caso, para melhor se proteger, deverá o tomador se acautelar em notificar o sacado sobre a existência de um título de crédito emitido contra o mesmo, de modo a justificar a cobrança. Assim também em relação ao avalista do título.

---

15. Fábio Ulhoa Coelho, *Curso de Direito Comercial*, vol. 2, 2002, p. 423.

Como o protesto contra os coobrigados é necessário, pode acontecer de o credor (ou tomador, ou beneficiário) não realizar o protesto, podendo cobrar diretamente do aceitante e/ou avalista. Nesse caso, perderá o direito de cobrar dos demais devedores. Veja-se o art. 21, § 4º, da Lei 9.492/1997:

§ 4º. Os devedores, assim compreendidos os emitentes de notas promissórias e cheques, os sacados nas letras de câmbio e duplicatas, bem como os indicados pelo apresentante ou credor como responsáveis pelo cumprimento da obrigação, não poderão deixar de figurar no termo de lavratura e registro do protesto.

De outro lado, o chamado *protesto por falta de pagamento* deve ocorrer quando, após o vencimento da letra, o sacado não efetuar o pagamento. O protesto constitui prova segura do não pagamento do débito após o vencimento da letra, sendo que pela Lei 9.492/1997 há todo um ritual apropriado para sua realização.

Dessa maneira, não havendo pagamento do débito, haverá a possibilidade de cobrança executiva do título de crédito.

Pelo art. 44 da Lei Uniforme, o protesto por falta de pagamento deve ser efetuado em *dois dias úteis* seguintes àquele em que a letra seria pagável, havendo ainda outras modalidades de protesto na própria lei especial.[16]

São tais modalidades de protesto:

(a) *Protesto para determinar o vencimento extraordinário do título em caso de falência do aceitante* – Serve para assegurar a ação de regresso contra os coobrigados.

---

16. Leu Uniforme: "Art. 44. A recusa de aceite ou de pagamento deve ser comprovada por um ato formal (protesto por falta de aceite ou falta de pagamento). O protesto por falta de aceite deve ser feito nos prazos fixados para a apresentação ao aceite. Se, no caso previsto na alínea 1ª do art. 24, a primeira apresentação da letra tiver sido feita no último dia do prazo, pode fazer-se ainda o protesto no dia seguinte. O protesto por falta de pagamento de uma letra pagável em dia fixo ou a certo termo de data ou de vista deve ser feito num dos 2 (dois) dias úteis seguintes àquele em que a letra é pagável. Se se trata de uma letra pagável à vista, o protesto deve ser feito nas condições indicadas na alínea precedente para o protesto por falta de aceite. O protesto por falta de aceite dispensa a apresentação a pagamento e o protesto por falta de pagamento. No caso de suspensão de pagamentos do sacado, quer seja aceitante, quer não, ou no caso de lhe ter sido promovida, sem resultado, execução dos bens, o portador da letra só pode exercer o seu direito de ação após apresentação da mesma ao sacado para pagamento e depois de feito o protesto. No caso de falência declarada do sacado, quer seja aceitante, quer não, bem como no caso de falência declarada do sacador de uma letra não aceitável, a apresentação da sentença de declaração de falência é suficiente para que o portador da letra possa exercer o seu direito de ação."

Lembrava Rubens Requião a posição da doutrina brasileira, nestes termos:

A doutrina brasileira sustentava, como se vê na lição de J. X. Carvalho de Mendonça, que "a falência do aceitante antecipa o vencimento da letra de câmbio, e parecia inútil o protesto; mas se o exige para que a letra se considere vencida *vis à vis* dos coobrigados e o portador exerça o direito de regresso". A Lei Uniforme tentou simplificar, dispensando o protesto no caso de falência do sacado, que fosse aceitante ou não, bem como na do sacador de uma letra não aceita, admitindo como suficiente a apresentação da sentença declaratória para que o portador da letra pudesse exercer o seu direito de ação. O Governo Brasileiro usou da *reserva* admitida, que permite lhe caiba a determinação precisa das situações jurídicas a que se refere aquele dispositivo (art. 44, alínea 6).[17]

E o posicionamento doutrinário e jurisprudencial não se alterou, sendo que o protesto para utilização nos processos falenciais se presta exclusivamente a que seja exercido o direito de regresso.

A Lei 9.492/1997 criou especial exceção à modalidade do protesto para fins falenciais no parágrafo único do art. 23.[18]

Imperioso anotar, por oportuno, que o texto se refere exclusivamente à falência, não sendo o caso da recuperação de empresas, onde não há tal exceção. Tal situação já foi anteriormente verificada no art. 24 da Lei 9.492/1997 em relação à concordata, valendo atualmente para o instituto da recuperação.[19]

(b) *Protesto por falta de devolução do título* – A parte legítima para o pedido é o tomador (ou beneficiário) do título sacado, pois a letra é apresentada ao sacado para que este aponha seu aceite, No entanto, o sacado se recusa a efetuar devolução ao portador do título. Por conta disso, é imperioso que o tomador ou beneficiário tenha uma cópia do título de crédito, pois o protesto é instruído, nesse caso, mediante a apresentação de uma cópia da letra ou por uma declaração do protestante. Por sinal,

---

17. Rubens Requião, *Curso de Direito Comercial*, cit., 23ª ed., 2º vol., p. 437.
18. Lei 9.492/97: "Art. 23. Os termos dos protestos lavrados, inclusive para fins especiais, por falta de pagamento, de aceite ou de devolução serão registrados em um único livro e conterão as anotações do tipo e do motivo do protesto, além dos requisitos previstos no artigo anterior. Parágrafo único. Somente poderão ser protestados, para fins falimentares, os títulos ou documentos de dívida de responsabilidade das pessoas sujeitas às consequências da legislação falimentar."
19. Lei 9.492/97: "Art. 24. O deferimento do processamento de concordata não impede o protesto".

tal situação é excepcionada na Lei 9.492/1997, nos termos do art. 21, §
3º, in verbis:

> § 3º. Quando o sacado retiver a letra de câmbio ou a duplicata
> enviada para aceite e não proceder à devolução dentro do prazo legal,
> o protesto poderá ser baseado na segunda via da letra de câmbio ou nas
> indicações da duplicata, que se limitarão a conter os mesmos requisitos
> lançados pelo sacador ao tempo da emissão da duplicata, vedada a exi-
> gência de qualquer formalidade não prevista na lei que regula a emissão
> e circulação das duplicatas.

(c) *Protesto por falta de data do aceite* – Esta modalidade vem a ocorrer quando a letra de câmbio é emitida com vencimento a certo tempo ou termo da vista e não possui em seu texto a data em que o aceite foi aposto na letra, por parte do aceitante ou sacado. Na verdade, este protesto tem a finalidade de fixar uma data de início do prazo de vencimento da letra.[20]

Como já expusemos anteriormente, dispõe o art. 44 da Lei Uniforme que o protesto por falta de pagamento de uma letra pagável em dia fixo ou a certo termo de data ou da vista deve ser feito no prazo de dois dias úteis seguintes àquele em que a letra seria pagável. Quando se tratar de letra de câmbio com vencimento à vista o protesto deverá ser feito no dia posterior ao último dia do prazo para apresentação do aceite.

Em verdade, a Lei Uniforme deve ceder em face da legislação específica em relação aos protestos no Brasil (Lei 9.492/1997), mesmo porque há conflitância entre o prazo da Lei Uniforme e o da Lei de Protestos, pois esta manda que o serventuário deve tirar o protesto *em três dias úteis*.[21]

É óbvio que, numa situação como esta, o apresentante do título a protesto não tem qualquer redução de seu direito, eis que não haveria como exigir do serventuário notarial uma obrigação contrária à lei especial. O mais importante para o apresentante é que ele o faça dentro do seu prazo, não podendo o devedor se beneficiar de possível conflitância legal, eis que cumprida a obrigação do tomador do título.

---

20. Lei 9.492/1997: "Art. 21. O protesto será tirado por falta de pagamento, de aceite ou de devolução. § 1º. O protesto por falta de aceite somente poderá ser efetuado antes do vencimento da obrigação e após o decurso do prazo legal para o aceite ou a devolução."

21. Lei 9.492/1997: "Art. 12. O protesto será registrado dentro de 3 (três) dias úteis contados da protocolização do título ou documento de dívida".

Nos termos da legislação especial, o protesto de letra de câmbio segue maneira típica de tramitação, sendo que a intimação do protesto dirigida aos devedores principais (aceitante e seu avalista) se dará por carta registrada. Determina o art. 45 da Lei Uniforme que cada um dos endossantes (*rectius*: coobrigados) deve avisar os demais endossantes, sucessivamente, até chegar ao sacador, tudo isso dentro do prazo de dois dias úteis, a contar da recepção do aviso de recusa de aceite. Vale lembrar que essa forma de comunicação não é notarial, mas individual, extrajudicial, devendo o endossante ter cópia da notificação, a fim de se resguardar de eventual ação de cobrança, nos termos do art. 45, alínea 5.[22] Vale lembrar que esse prazo é decadencial, e não perderá o direito de regresso, mas o devedor está obrigado a pagar o débito, nos termos do art. 45, alínea 6.[23]

Se os devedores principais não forem encontrados ou forem desconhecidos, será utilizada a intimação por edital, nos termos do art. 15 da Lei 9.492/1997.[24]

Bem explícita é a lição de Maria Eugênia Finkelstein sobre todo o procedimento de protesto da cambial, nestes termos:

> Dá-se início ao procedimento quando o beneficiário da letra de câmbio pratica o ato unilateral de protestar. A partir de então, é o sacado notificado para que o aceite, pague ou especifique a razão da recusa em pagar. Se indevido o protesto, é distribuída a medida cautelar de sustação de protesto. Depois de distribuída a ação, o juiz concede ou não a liminar. Se concedida, o cartório deverá expedir a certidão de concessão da liminar, que será levada ao cartório de protesto para a devida sustação.
>
> O protesto pode, ainda, ser cancelado, muito embora não haja previsão legal para este fim. O cancelamento ocorrerá desde que haja instrumento comprobatório no sentido de que o devedor pagou o título após o protesto. Para a formalização do cancelamento será necessária a apresentação do título de crédito ou de declaração de anuência de todos

---

22. "(...). Essa pessoa deverá provar que o aviso foi enviado dentro do prazo prescrito. O prazo considerar-se-á como tendo sido observado desde que a carta contendo o aviso tenha sido posta no Correio dentro dele."
23. "A pessoa que não der o aviso dentro do prazo acima indicado não perde os seus direitos; será responsável pelo prejuízo, se o houver, motivado pela sua negligência, sem que a responsabilidade possa exceder a importância da letra."
24. Lei 9.494/1997: "Art. 15. A intimação será feita por edital se a pessoa indicada para aceitar ou pagar for desconhecida, sua localização incerta ou ignorada, for residente ou domiciliada fora da competência territorial do tabelionato, ou, ainda, ninguém se dispuser a receber a intimação no endereço fornecido pelo apresentante".

os que figurarem no registro do protesto. Cumpridos esses requisitos, o cartório deverá expedir certidão de cancelamento do protesto.[25]

As formalidades representativas do protesto e todo seu trâmite procedimental e requisitos que dele deverão constar estão bem delineados na Lei 9.492/1997 (arts. 20-24).

9. Da intervenção em letras de câmbio

Diz-se que há intervenção quando uma pessoa indicada aceita ou paga a letra em nome de outra. Pouco importa saber o motivo pelo qual uma pessoa aceitou ou pagou a letra de câmbio em lugar de outra pessoa. Daí chamar-se ao ato praticado pelo *pagamento por honra*.

A doutrina situa que o principal objetivo dessa forma de intervenção é evitar que a letra de câmbio caia em descrédito.

A prática tem demonstrado que a intervenção é *ato voluntário do interveniente*.

Por vezes pode se tratar de obrigação existente entre o sacado e o sacador ou, ainda, pode se tratar de um caso de necessidade, quando, então, o avalista ou o endossante podem indicar a obrigação preexistente.

Seja a que título for, por mera liberalidade ou por honra, mesmo, do interveniente, uma vez realizados o aceite ou o pagamento por honra, o interveniente fica obrigado da mesma forma que ficaria o sacado, sendo certo que o interveniente terá direito de ação contra aquele por quem se obrigou, nos termos do art. 63 da Lei Uniforme.

10. Da execução cambial

A execução da letra de câmbio ganhou a denominação de ação cambial pela doutrina, sendo certo que se trata de verdadeira cobrança do direito creditício estampado no título de crédito. Aliás, não de outra forma está previsto no art. 784 do CPC, como título executivo extrajudicial.

A ação cambial (ou execução) pode ser proposta quando são exigíveis as obrigações cambiais já estudadas, isto é, quando ocorrer o vencimento da letra de câmbio não sendo a mesma paga.

Assim, os chamados devedores principais deverão ser responsabilizados pelo débito, logo após o vencimento da letra, e em relação aos coobrigados há necessidade do protesto.

25. Finkelstein, *Direito Empresarial*, cit., 2ª ed., p. 125.

Como já especificamos em capítulo anterior, a ação cambial (ou execução) poderá ser proposta contra os devedores principais e todos os coobrigados da letra, não se podendo falar, nesse caso, em direito de preferência, eis que todos são obrigados ao pagamento.

Quando a ação for direta, diz-se que a mesma é movida contra os principais devedores da letra, isto é, o aceitante e seus avalistas; e contra o sacador, quando não aceita; diz-se, no entanto, que a ação é regressiva quando tenha sido ajuizada contra os obrigados subsidiários.

11. Da prescrição da ação cambial

Interessante notar que o prazo prescricional não é único, eis que sofre modificações dependendo do tipo de ação ajuizada.

No caso de serem propostas ações cambiais contra o aceitante e seus avalistas, ações diretas, esse prazo é de três anos, a contar do vencimento do título.

No caso de ser a ação proposta contra o endossante e/ou sacador da letra de câmbio o prazo prescricional é de apenas um ano, contado da data do protesto.

No caso em que as ações sejam movidas pelos endossantes da letra de câmbio contra os outros endossantes ou, ainda, contra o sacador o prazo é menor ainda, pois prescreve em seis meses, a contar do dia em que o endossante efetuou o pagamento do título.

No entanto, nunca é demais lembrar que a ocorrência da prescrição da *via executiva* não impede, no entanto, a cobrança do título pela *via ordinária*, por meio de propositura de ação de conhecimento, bem como pela ação *monitória*, prevista nos arts. 700-702 do CPC.

Tal ação consiste na faculdade estabelecida ao credor para a cobrança de quantia certa ou de coisa móvel quando não tenha título executivo, sendo que o crédito deve ser comprovado por documento hábil.

Tanto a ação de conhecimento quanto a ação monitória prescrevem em cinco anos, nos termos do art. 206, I, e § 5º, do CC/2002, sendo que esse prazo começa a fluir a partir da data em que a medida poderia ter sido ajuizada.

Assim, há um segundo prazo prescricional após o prazo primeiro da ação cambial.

Capítulo III
A NOTA PROMISSÓRIA

1. Conceito: 1.1 Da prescrição.

1. Conceito

Assim como já estudamos na letra de câmbio, a nota promissória também é um título de crédito *emitido pelo devedor*, caracterizando *promessa de pagamento* para *pessoa determinada*, contendo *quantia certa*, expressa em qualquer moeda, tendo, porém, *data certa* para que venha a ser quitada. Desta maneira, podemos conceituar que a nota promissória nada mais é que *uma promessa formal e solene de pagamento, unilateral e direta, à vista ou a prazo, efetuada pelo promitente (devedor) ao promissário (credor)*.

Fábio Ulhoa Coelho explica que a nota promissória é "uma promessa do subscritor de pagar quantia determinada ao tomador, ou à pessoa a quem esse transferir o título".[1]

Da mesma forma que a letra de câmbio, tal matéria também é regida pelo Decreto 2.044/1908, com as alterações constantes da Lei Uniforme de Genebra, introduzidas pelo Decreto 57.663/1966 – o que já foi anteriormente estudado quando vimos as letras de câmbio –, consagrada pelo STF desde a década de 1970.

Por sinal, o próprio art. 77 da Lei Uniforme manda aplicar às notas promissórias aquilo que se disse a respeito das letras de câmbio, razão pela qual o estudo inicial das letras de câmbio é de grande valia.[2]

---

1. Fábio Ulhoa Coelho, *Curso de Direito Comercial, Direito de Empresa*, 11ª ed., vol. 1 (*Direito de Empresa*), p. 431.
2. Lei Uniforme de Genebra: "Art. 77. São aplicáveis às notas promissórias, na parte em que não sejam contrárias à natureza deste título, as disposições relativas às letras

Pode-se dizer que a nota promissória possui a mesma cepa que a letra de câmbio, com as alterações que lhe são fundamentais, como veremos em seguida.

Não há a chamada cláusula "não aceitável" das letras de câmbio, assim como o prazo para apresentação ao sacado, "prazo de respiro", forma e recusa de aceite, recusa parcial da letra de câmbio, vencimento antecipado do título por falta ou recusa de aceite etc.

São partes na nota promissória, diante da definição realizada: promitente-devedor (o *subscritor*) e promissário-credor (o *beneficiário*). Portanto, diferencia-se da letra de câmbio por possuir apenas duas partes.

Trata-se de clara promessa de pagamento, destacando-se que esta é uma declaração unilateral do devedor,[3] sem a necessidade de aceite, como na letra de câmbio.

A declaração é do devedor, unilateralmente, apontando a pessoa a quem será paga a quantia ali representada.

A nota promissória é título de crédito *formal* e *abstrato*, pois sua emissão não exige qualquer tipo de causa legal – o que, em linhas gerais, significa a ausência de indicação da origem dessa promessa de pagamento.

Importante lembrar que na nota promissória – *ao contrário do que foi expresso em relação à letra de câmbio* – não há que se falar em saque, mas em *emissão do título*.

O próprio emitente do título é a pessoa que se obriga, originária e diretamente, para com o *tomador* ou *beneficiário*.

Dessa forma, o devedor (ou promitente) assume *na nota promissória* uma incondicional promessa de pagamento ao credor (ou promissário).

A nota promissória tem apenas dois personagens cambiários:

e concernentes: endosso (arts. 11 a 20); vencimento (arts. 33 a 37); pagamento (arts. 38 a 42); direito de ação por falta de pagamento (arts. 43 a 50 e 52 a 54); pagamento por intervenção (arts. 55 e 59 a 63); cópias (arts. 67 e 68); alterações (art. 69); prescrição (arts. 70 e 71); dias feriados, contagem de prazos e interdição de dias de perdão (arts. 72 a 74). São igualmente aplicáveis às notas promissórias as disposições relativas às letras pagáveis no domicílio de terceiros ou numa localidade diversa da do domicílio do sacado (arts. 4º e 27), a estipulação de juros (art. 5º), as divergências das indicações da quantia a pagar (art. 6º), as consequências da aposição de uma assinatura nas condições indicadas no art. 7º, as da assinatura de uma pessoa que age sem poderes ou excedendo os seus poderes (art. 8º) e a letra em branco (art. 10). São também aplicáveis às notas promissórias as disposições relativas ao aval (arts. 30 a 32); no caso previsto na ultima alínea do art. 31, se o aval não indicar a pessoa por quem é dado, entender-se-á ser pelo subscritor da nota promissória."
3. Lei Uniforme de Genebra: "Art. 78. O subscritor de uma nota promissória é responsável da mesma forma que o aceitante de uma letra".

(a) *Emitente* – Que vem a ser a pessoa que emite a nota promissória, na qualidade de devedor do título. É ele quem faz nascer o título de crédito, comprometendo-se a pagar quantia certa para o beneficiário.

(b) *Beneficiário ou tomador* – A pessoa que se beneficia da nota promissória, na qualidade de credor do título. É a ele que o emitente tem que pagar determinada quantia descrita no título.

A Lei Uniforme de Genebra apresenta, em seu art. 75,[4] os requisitos formais necessários à plena validade de uma nota promissória.

De outro lado, ainda, as notas promissórias têm regras básicas, consideradas como *requisitos não essenciais*, previstas no art. 76 da Lei Uniforme.[5]

Portanto, se a nota promissória não contiver data, considerar-se-á como tendo sido emitida à vista – o que à primeira vista parece absurdo, mas pode-se dizer que é uma forma de o devedor ganhar um tempo a mais para adquirir condições financeiras suficientes para honrar a promessa de pagamento.

Nessas condições, deve-se observar o disposto no art. 78, segunda parte, da Lei Uniforme, que dispõe sobre prazo certo de vista, que não poderá passar de um ano, conforme o art. 23 da Lei Uniforme.[6-7]

---

4. Lei Uniforme de Genebra: "Art. 75. A nota promissória contém: 1. denominação 'nota promissória' inserta no próprio texto do título e expressa na língua empregada para a redação desse título; 2. a promessa pura e simples de pagar uma quantia determinada; 3. a época do pagamento; 4. a indicação do lugar em que se deve efetuar o pagamento; 5. o nome da pessoa a quem ou à ordem de quem deve ser paga; 6. a indicação da data em que e do lugar onde a nota promissória é passada; 7. a assinatura de quem passa a nota promissória (subscritor)".

5. Lei Uniforme de Genebra: "Art. 76. O título em que faltar algum dos requisitos indicados no artigo anterior não produzirá efeito como nota promissória, salvo nos casos determinados das alíneas seguintes. A nota promissória em que não se indique a época do pagamento será considerada pagável à vista. Na falta de indicação especial, o lugar onde o título foi passado considera-se como sendo o lugar do pagamento e, ao mesmo tempo, o lugar do domicílio do subscritor da nota promissória. A nota promissória que não contenha indicação do lugar onde foi passada considera-se como tendo-o sido no lugar designado ao lado do nome do subscritor."

6. Lei Uniforme de Genebra: "Art. 78. O subscritor de uma nota promissória é responsável da mesma forma que o aceitante de uma letra. As notas promissórias pagáveis a certo termo de vista devem ser presentes ao visto dos subscritores nos prazos fixados no art. 23. O termo de vista conta-se da data do visto dado pelo subscritor. A recusa do subscritor a dar o seu visto é comprovada por um protesto (art. 25), cuja data serve de início ao termo de vista."

7. Lei Uniforme de Genebra: "Art. 23. As letras a certo termo de vista devem ser apresentadas ao aceite dentro do prazo de 1 (um) ano das suas datas. O sacador pode reduzir este prazo ou estipular um prazo maior. Esses prazos podem ser reduzidos pelos endossantes."

Como se trata de promessa de pagamento feita diretamente pelo devedor, ao contrário da letra de câmbio, na nota promissória *não há protesto por falta de aceite*, mas, sim, por falta de pagamento ou, ainda, quando o devedor se recusar a apor sua assinatura, quando emitida para certo termo da vista, na forma dos arts. 25 e 78 da Lei Uniforme.[8]

Assim, passando a data estipulada para pagamento e este não tendo sido feito pelo devedor, o credor poderá promover o protesto do título imediatamente.

Imperioso salientar que a posse da nota promissória em poder do devedor também faz presumir que o título tenha sido pago, a não ser que o credor consiga demonstrar a inidoneidade dessa posse. No entanto, tal situação somente será possível por meio de ação apropriada para tanto – no caso, ação de conhecimento.

11.1 Da prescrição

Os títulos de crédito são prescritíveis, sendo que alguns têm tempos próprios, como é o caso da nota promissória.

Os prazos prescricionais para que o credor exerça seus direitos são os seguintes: (a) três anos, a contar do vencimento do título, para a ação de execução, ou seja, para que exerça seu direito de cobrar seu crédito contra o promitente-devedor e eventual(is) avalista(s); (b) um ano, a contar do protesto efetuado dentro dos prazos legais, para o exercício da ação de execução contra os endossantes da nota promissória e seus eventuais avalistas. Nesse caso, presume-se que houve a tradição da nota promissória, ficando o endossante responsável pelo pagamento, assim como eventuais avalistas; (c) seis meses, a contar do dia em que o endossante efetuou a quitação (ou pagamento) do título; (d) seis meses, quando o endossante foi acionado (ou demandado) para o pagamento, para a propositura de ações executivas dos endossantes, uns contra os outros, e de endossante contra o promitente-devedor (chamada de ação regressiva).

---

8. Lei Uniforme de Genebra: "Art. 25. O aceite é escrito na própria letra. Exprime-se pela palavra 'aceite' ou qualquer outra palavra equivalente; o aceite é assinado pelo sacado. Vale como aceite a simples assinatura do sacado aposta na parte anterior da letra. Quando se trate de uma letra pagável a certo termo de vista, ou que deva ser apresentada ao aceite dentro de um prazo determinado por estipulação especial, o aceite deve ser datado do dia em que foi dado, salvo se o portador exigir que a data seja a da apresentação. À falta de data, o portador, para conservar os seus direitos de recurso contra os endossantes e contra o sacador, deve fazer constatar essa omissão por um protesto feito em tempo útil."

Capítulo IV
O CHEQUE

1. Requisitos do cheque. 2. Tipos ou modalidades de cheques. 3. Cheques pós-datados (ou pré-datados). 4. Cheque cruzado. 5. Cheque visado. 6. Cheque para ser levado em conta. 7. Cheque administrativo. 8. Cheque especial. 9. Cheque de viagem ("traveller check"). 10. Pluralidade de exemplares de cheques. 11. Do endosso do cheque. 12. Da perda do cheque e suas consequências. 13. Do aval do cheque. 14. Do prazo de apresentação do cheque. 15. Do pagamento de cheque falso ou falsificado. 16. Do protesto do cheque. 17. Cobrança por falta de pagamento do cheque. 18. Da prescrição do direito de execução do cheque. 19. Dos aspectos penais no pagamento por meio de cheque.

O cheque foi regulamentado no Brasil pela primeira vez através do Regulamento do Banco da Província da Bahia, em 1845, passando por diversas outras legislações (*v.g.*: Lei 1.083/1860, Decreto 2.694/1860, Lei 2.591/1912) até a atual "Lei do Cheque" (n. 7.357, de 2.9.1985), com suas pequenas alterações posteriores, referentes à prescrição.

Embora no Brasil o cheque venha cedendo espaço aos cartões de crédito e principalmente aos cartões de débito, é necessário lembrar que sempre haverá pessoas dispostas a emitir e outras dispostas a receber cheques. Por isso, é necessário conhecer tal instituto.

O cheque será sempre uma ordem de pagamento à vista, podendo conter como beneficiário o próprio emitente ou terceiro, por ele indicado.

Como se trata de ordem de pagamento, da mesma forma que a letra de câmbio, também tem três personagens cambiários:

(a) *Sacador* – A pessoa que emite o cheque.

(b) *Sacado* – A instituição financeira (ou banco) que recebe o cheque, tendo o dever de pagá-lo, desde que existam fundos suficientes à disposição do sacador.

(c) *Tomador ou beneficiário* – A pessoa a favor de quem o cheque é emitido. O beneficiário ou tomador pode ser tanto terceiro quanto o próprio sacador.

No Brasil, como dito, a legislação que regula atualmente a emissão de cheques é a Lei 7.357, de 2.9.1985. No entanto, vigorou anteriormente o Decreto 57.595/1966, que aprovou a Convenção de Genebra sobre a Lei Uniforme sobre Cheques, que continha 24 reservas não adaptadas no Brasil.

Com a promulgação da Lei 7.357/1985 o Brasil finalmente estabeleceu regras bem definidas sobre os cheques, outorgando, de outro lado, no art. 69, atribuições expressas ao CMN[1] para que legisle suplementarmente, por meio de instruções normativas e de instruções.

Confira-se, por sinal, a definição de Fran Martins:

> Entende-se por *cheque* uma ordem de pagamento, à vista, dada a um banco ou instituição assemelhada, por alguém que tem fundos disponíveis no mesmo, em favor próprio ou de terceiro. A pessoa que dá a ordem, *emitindo* o cheque, tem o nome de *sacador* ou *emitente*; o banco ou instituição assemelhada a quem a ordem é dada é chamado de *sacado*; e a pessoa em favor de quem é dada a ordem é o *tomador* ou *beneficiário*, às vezes denominado simplesmente de *portador*. Se bem que tenha algumas semelhanças com a letra de câmbio à vista, o cheque dela se distingue em virtude, principalmente, de seus pressupostos. Assim, para emitir o cheque é necessário que o sacador tenha fundos (provisão) em poder do sacado e que possa dispor dessa provisão, em proveito próprio ou de outrem, mediante convenção, expressa ou tácita, entre as partes: a letra de câmbio, em regra geral, dispensa a provisão.[2]

Em realidade, há uma discussão doutrinária sobre a natureza jurídica do cheque, pois para alguns (Fran Martins, Pontes de Miranda etc.) é caracterizado como título de crédito *impróprio*, pois o emitente deve ter fundos em poder do banco sacado para garantir seu pagamento, ao passo que para outros doutrinadores (Rubens Requião, Waldírio Bulgarelli, João Eunápio Borges etc.) seria título de crédito *próprio*, pois preenche

---

1. Lei 7.357/1985: "Art. 69. Fica ressalvada a competência do Conselho Monetário Nacional, nos termos e nos limites da legislação específica, para expedir normas relativas à matéria bancária relacionada com o cheque. Parágrafo único. É da competência do Conselho Monetário Nacional: a) a determinação das normas a que devem obedecer as contas de depósito para que possam ser fornecidos os talões de cheques aos depositantes; b) a determinação das consequências do uso indevido do cheque, relativamente à conta do depositante; c) a disciplina das relações entre o sacado e o opoente, na hipótese do art. 36 desta Lei."

2. Fran Martins, *Títulos de Crédito*, 3ª ed., pp. 3-4.

todos os requisitos básicos, como cartularidade, independência, abstração, literalidade e autonomia.

Para Pontes de Miranda[3] o cheque seria instrumento de apresentação e resgate, com mero perfil cambiariforme, sem preencher, na realidade, todos os demais requisitos básicos dos títulos de crédito – com o que não concordamos, em razão, inclusive, da legislação que se seguiu à discussão, através da Lei 7.357/1985.

Concordamos, por oportuno, com a colocação de Newton de Lucca[4] e Marlon Tomazette, no sentido de que o cheque é, sim, um título de crédito, pois,

embora seja à vista, há necessariamente um tempo entre o recebimento do cheque e sua conversão em dinheiro; logo, estariam presentes a confiança e o tempo (elementos do crédito), quando emitido em favor de terceiro. Outrossim, é certo que o conceito de título de crédito exige apenas a presença da autonomia, literalidade e cartularidade, cuja aplicabilidade ao cheque é indiscutível.[5]

Realmente, embora o cheque seja emitido à vista, sendo essa sua principal característica, nunca é demais repisar que acabou, com o tempo, perdendo seu sentido de verdadeiro título de exação (Carlos Fulgêncio da Cunha Peixoto,[6] J. M. Othon Sidou[7]), para se tornar mais e mais parecido e reconhecido como título de crédito, na medida em que a confiança depositada no emissor é sempre o fator preponderante da sua aceitação por parte do credor, caso contrário teria a faculdade de não o aceitar. Ademais, o argumento justifica-se, ainda, com a criação do cheque pré e pós-datado, o que não deixa dúvida sobre a natureza jurídica de título de crédito.

1. Requisitos do cheque

Assim como a letra de câmbio e a nota promissória, o cheque também é *documento formal* que tem seus requisitos essenciais determinados no art. 1º da Lei 7.357/1985.

3. Pontes de Miranda, *Tratado de Direito Cambiário*, vol. 4, p. 42.
4. Newton De Lucca, *Aspectos da Teoria Geral dos Títulos de Crédito*, cit., pp. 130-131.
5. Marlon Tomazette, *Curso de Direito Empresarial. Títulos de Crédito*, cit., vol. 2, p. 214.
6. Carlos Fulgêncio da Cunha Peixoto, *O Cheque*, vol. 1, p. 52.
7. J. M. Othon Sidou, *Do Cheque*, 2ª ed., p. 37.

Segundo o art. 1º da referida lei:

Art. 1º. O cheque contém: I – a denominação "cheque" inscrita no contexto do título e expressa na língua em que este é redigido; II – a ordem incondicional de pagar quantia determinada; III – o nome do banco ou da instituição financeira que deve pagar (sacado); IV – a indicação do lugar de pagamento; V – a indicação da data e do lugar de emissão; VI – a assinatura do emitente (sacador), ou de seu mandatário com poderes especiais. Parágrafo único. A assinatura do emitente ou a de seu mandatário com poderes especiais pode ser constituída, na forma de legislação específica, por chancela mecânica ou processo equivalente.

De outro lado, outros requisitos também descritos na própria Lei do Cheque, agora no art. 2º, são conhecidos, denominando-se requisitos não essenciais ou requisitos secundários do cheque:

Art. 2º. O título a que falte qualquer dos requisitos enumerados no artigo precedente não vale como cheque, salvo nos casos determinados a seguir: I – na falta de indicação especial, é considerado lugar de pagamento o lugar designado junto ao nome do sacado; se designados vários lugares, o cheque é pagável no primeiro deles; não existindo qualquer indicação, o cheque é pagável no lugar de sua emissão; II – não indicado o lugar de emissão, considera-se emitido o cheque no lugar indicado junto ao nome do emitente.

Por força de instrução normativa do BACEN, atualmente os cheques contêm, ainda, requisitos que não dizem respeito exatamente ao seu conteúdo, mas são regras meramente administrativas, como a data abertura da conta-corrente pelo emitente do cheque, o número da Cédula de Identidade do emitente (RG) e o número do CPF-MF (Cadastro de Pessoa Física) ou do CNPJ (Cadastro Nacional de Pessoa Jurídica), ambos do Ministério da Fazenda.

Além disso, os cheques são emitidos de acordo com diversas instruções normativas do BACEN, devendo conter o número da instituição financeira ou banco sacado, o número da conta-corrente do correntista, o número do cheque, além de outros requisitos específicos.

O cheque deve ser obrigatoriamente expedido em *modelo vinculado* do BACEN.

2. Tipos ou modalidades de cheques

Quanto ao modo de circulação, há dois tipos de cheques: *cheque ao portador* e *cheque nominal*.

No *cheque ao portador* não há indicação expressa do nome do beneficiário. Deve conter a expressão "ao portador" ou manter a linha destinada à identificação "em branco". Nesse caso, subentende-se que o portador é o beneficiário do cheque.

Já, o *cheque nominal* é aquele onde há expressa menção ao nome do beneficiário, a fim de que o banco, no momento da apresentação do cheque para recebimento do valor expresso, faça conferência sobre se se trata da mesma pessoa indicada.

O cheque nominal pode ser:

(a) *Nominal à ordem* – Aquele que pode ser transmitido por endosso em branco. O beneficiário do cheque assina no verso, autorizando seu pagamento pelo banco.

(b) *Nominal não à ordem* – Aquele que não se transmite por endosso. Desta maneira, o cheque nominal que apresenta a expressão "não à ordem" só pode ser pago à própria pessoa do beneficiário. Exemplo: o cheque de restituição do imposto de renda emitido pela Secretaria da Receita Federal.

3. Cheques pós-datados (ou pré-datados)

As expressões cheque "pré-datado" ou "pós-datado" geram grande confusão terminológica. O mercado (incluído o serviço bancário) acabou por adotar a terminologia "pré-datado" como se fosse algo anteriormente estabelecido para a data do pagamento, quando, em realidade, estamos tratando de uma condição pós-datada, para pagamento futuro.

No entanto, os cheques pré-datados devem ser apresentados somente em data preestabelecida. Exemplo: emitido em 20.3.2017 mas, em realidade, somente havendo fundos em poder do banco sacado no dia 20.4.2017.

Em que pese ao fato de as práticas bancária e mercantil aceitarem tal modalidade, inclusive contando com o beneplácito da doutrina e da jurisprudência, o fato é que legalmente devem ser consideradas como palavras não escritas, a teor do art. 32 da Lei 7.357/1985.[8]

É antiga tal colocação, inclusive constante da Lei Uniforme sobre Cheques, posto que se trata de título de crédito emitido como ordem de pagamento à vista.

---

8. Lei 7.357/1985: "Art. 32. O cheque é pagável à vista. Considera-se não escrita qualquer menção em contrário. Parágrafo único. O cheque apresentado para pagamento antes do dia indicado como data de emissão é pagável no dia da apresentação."

Dessa forma, quaisquer menções aos cheques com data futura, distinta da data da sua emissão, não devem ser levadas em conta pelo banco sacado, posto que, apresentada a cártula, deve ser paga imediatamente; ou, se não possuir fundos em poder do banco sacado, a responsabilidade é integral do emitente do cheque.

A chamada "data futura" não é considerada pelo banco sacado, e o cheque é pagável tão logo apresentado, incluindo a possibilidade de envio a protesto antes da data aprazada, porque se trata de título de crédito à vista.

De outro lado, tanto a doutrina civil como a penal assim como a jurisprudência de ambas as espécies têm admitido a emissão de cheques "pós-datados", para que o tomador respeite aquilo que está escrito, evitando os dissabores dos contratempos da apresentação antecipada.

A fundamentação para a aceitação dos cheques pós-datados atualmente – gize-se – encontra-se no fato de que se passou a entender que eles não seriam mais títulos de crédito puros e simples, mas, sim, fariam parte de um contrato entre as partes (emitente e beneficiário), estando vinculados ao mesmo.

O STJ já afirmou em mais de uma oportunidade que o cheque pós--datado é uma forma de ampliação do prazo de apresentação do cheque (REsp 612.423-DF, REsp 16.855-SP etc.).

Além disso, é comum decisões judiciais sobre a situação da venda a prazo por meio de cheques pós-datados, onde é obrigatório que o empresário que recebe tais tipos de cheques seja obrigado a respeitar os prazos ali descritos, sendo que o não cumprimento, desde que represente prejuízo para o emitente, poderá ser solucionado por perdas e danos, com base no Código de Defesa do Consumidor (Lei 8.078/1990).

4. *Cheque cruzado*

É um tipo de cheque emitido com duas linhas atravessadas, paralelas, na face do título, que podem ser lançadas tanto pelo emitente como pelo portador (ou tomador) do cheque. Dá-se o nome de "cheque cruzado", portanto, para restringir a livre circulação, a fim de que o cheque seja pago a uma instituição financeira ou banco.

Trata-se de cheque restrito, eis que não poderá ser recebido diretamente na boca do caixa, nos termos dos arts. 44 e 45 da Lei 7.357/1985.[9]

---

9. Lei 7.357/1985: "Art. 44. O emitente ou o portador podem cruzar o cheque, mediante a aposição de dois traços paralelos no anverso do título. § 1º. O cruzamento é

Dessa forma, o beneficiário ou tomador que receber o cheque cruzado somente poderá depositá-lo em sua conta bancária, a fim de que o mesmo seja "compensado" pelo serviço bancário. É uma forma de o emitente ter ciência de que foi o mesmo realmente pago a quem ele efetivamente emitiu a ordem bancária.

Além disso, há dois tipos de cruzamento do cheque: o *geral* e o *especial*.

No *cruzamento geral* as linhas paralelas não têm quaisquer anotações sobre o beneficiário do cheque.

No *cruzamento especial* as linhas paralelas têm anotações sobre o beneficiário do cheque, nos termos do art. 44, § 2º, da Lei 7.357/1985. Assim, se houver menção no interior das linhas "A. M. Jr.", isto significa que o cheque somente poderá ser depositado na conta-corrente de "A. M. Jr.".

Quaisquer formas de rasurar ou desconsiderar o cruzamento do cheque são consideradas como não escritas.

No caso de não observância dessas restrições, o responsável (banco ou sacado) responde por perdas e danos, pelo valor do cheque, nos termos do art. 45, § 3º.

5. Cheque visado

Nos termos do art. 7º e seus §§ 1º e 2º da Lei 7.357/1985, o banco deve colocar seu aval sobre a existência de dinheiro suficiente na conta-corrente do emitente do cheque, isto é, ao apor seu "visto" o banco certifica que existem fundos disponíveis na conta do emitente.

geral se entre os dois traços não houver nenhuma indicação ou existir apenas a indicação 'banco', ou outra equivalente. O cruzamento é especial se entre os dois traços existir a indicação do nome do banco. § 2º. O cruzamento geral pode ser convertido em especial, mas este não pode converter-se naquele. § 3º. A inutilização do cruzamento ou a do nome do banco é reputada como não existente.

"Art. 45. O cheque com cruzamento geral só pode ser pago pelo sacado a banco ou a cliente do sacado, mediante crédito em conta. O cheque com cruzamento especial só pode ser pago pelo sacado ao banco indicado, ou, se este for o sacado, a cliente seu, mediante crédito em conta. Pode, entretanto, o banco designado incumbir outro da cobrança. § 1º. O banco só pode adquirir cheque cruzado de cliente seu ou de outro banco. Só pode cobrá-lo por conta de tais pessoas. § 2º. O cheque com vários cruzamentos especiais só pode ser pago pelo sacado no caso de dois cruzamentos, um dos quais para cobrança por câmara de compensação. § 3º. Responde pelo dano, até a concorrência do montante do cheque, o sacado ou o banco portador que não observar as disposições precedentes."

Ao visar, o banco imediatamente tem o direito de debitar da conta-corrente do emitente o valor mencionado do respectivo cheque, nos termos do art. 7º, § 2º, sendo que, nesse caso, eventual insuficiência de fundos em poder do banco na conta-corrente do emitente importará a responsabilidade do banco em quitar o valor do cheque.[10]

O cheque visado é uma forma de antecipação do título de crédito, sendo que o emitente fica garantido com a promessa de pagamento futuro do banco, ao passo que o tomador fica garantido de que se trata de título com fácil liquidez.

Dessa maneira, a circulação do cheque visado é mais segura, pois representa garantia dada pelo banco para o portador de que o cheque tem suficiente provisão de fundos.

6. Cheque para ser levado em conta

Nesta modalidade de cheque o emitente ou portador deve expressar que se trata de cheque emitido exclusivamente para que seja creditado na conta-corrente do tomador ou beneficiário.

Tal modalidade está prevista no art. 46 da Lei do Cheque,[11] que fala em uma aposição transversal de restrição de circulação, o que não é necessariamente obrigatório, podendo ser grafado em qualquer parte da face do cheque.

A inutilização dessa restrição deve ser considerada como não escrita, devendo o banco recusar o pagamento na "boca" do caixa, para que o cheque seja efetivamente depositado.

---

10. Lei 7.357/1985: "Art. 7º. Pode o sacado, a pedido do emitente ou do portador legitimado, lançar e assinar, no verso do cheque não ao portador e ainda não endossado, visto, certificação ou outra declaração equivalente, datada e por quantia igual à indicada no título. § 1º. A aposição de visto, certificação ou outra declaração equivalente obriga o sacado a debitar à conta do emitente a quantia indicada no cheque e a reservá-la em benefício do portador legitimado, durante o prazo de apresentação, sem que fiquem exonerados o emitente, endossantes e demais coobrigados. § 2º. O sacado creditará à conta do emitente a quantia reservada, uma vez vencido o prazo de apresentação; e, antes disso, se o cheque lhe for entregue para inutilização."
11. Lei 7.357/1985: "Art. 46 O emitente ou o portador podem proibir que o cheque seja pago em dinheiro mediante a inscrição transversal, no anverso do título, da cláusula 'para ser creditado em conta', ou outra equivalente. Nesse caso, o sacado só pode proceder a lançamento contábil (crédito em conta, transferência ou compensação), que vale como pagamento. O depósito do cheque em conta de seu beneficiário dispensa o respectivo endosso. § 1º. A inutilização da cláusula é considerada como não existente. § 2º. Responde pelo dano, até a concorrência do montante do cheque, o sacado que não observar as disposições precedentes."

7. Cheque administrativo

Esta modalidade de cheque é usada pelos próprios bancos para honrar seus compromissos com os correntistas e/ou credores, sendo que as instituições financeiras são suas emissoras.

Também fazem parte de uma modalidade de cheque-garantia, dando conta de que há provisão de fundos em poder do banco sacado, posto que o banco somente irá realizar a emissão de um cheque dessa natureza com a certeza da existência de fundos em poder do emitente.

Nesse caso, o banco deve retirar da conta-corrente do emitente o valor correspondente, reservando para pagamento do cheque, posto que a ausência de valores levará à obrigatoriedade de o banco indenizar o beneficiário da ordem.

8. Cheque especial

Tal modalidade de cheque não foi contemplada na Lei do Cheque, sendo parte de uma categoria específica de contrato entre o banco e o correntista, nascida da prática comercial, em especial da brasileira, eis que a origem do mesmo é muito insegura. Discorremos mais sobre o assunto no vol. II, Capítulo Único, item 8.21, "Contratos bancários", para onde remetemos o leitor que estiver interessado em complementação do que está sendo dito a seguir.

Nesse *contrato bancário* o banco disponibiliza ao seu correntista, previamente selecionado, uma quantia de que o mesmo não dispõe, para que possa honrar compromissos de última hora, excepcionais, mediante a cobrança de taxa remuneratória.

Em verdade, o cheque especial acabou por se tornar grande tormento na vida dos brasileiros que não sabem utilizá-lo, posto que o dinheiro colocado à sua disposição é extremamente "caro" em relação às outras taxas de mercado mas, por comodidade ou desconhecimento, o correntista prefere utilizar o "saldo" do cheque especial, não vislumbrando as altas taxas embutidas, percorrendo verdadeiro calvário para pagamento do valor.

A própria emissão do cheque especial já demonstra que o banco *poderá* garantir seu pagamento em caso de depósito ou cobrança desde que o correntista tenha o saldo à sua disposição em conta-corrente, o que dá certa credibilidade ao cheque especial.

Porém, no caso de não existência de saldo em poder do banco sacado, o tomador ou beneficiário, nessa hipótese, não tem ação contra o banco, apenas contra o emitente do cheque, eis que o contrato é exclusivamente entre o banco e o correntista.

Para Sérgio Carlos Covello no contrato de abertura de crédito em conta-corrente (cheque especial) o banco coloca

à disposição do cliente certa importância pecuniária, facultando-lhe a utilização dessa soma no todo ou em parte, quer por meio de saque, de aceite, de aval ou de fiança até o montante convencionado.[12]

Dessa forma, a utilização da quantia colocada à disposição do correntista é que deve ser remunerada pelas taxas bancárias, exclusivamente. Por sinal, regiamente remunerada, frise-se.

9. Cheque de viagem ("traveller check")

Esta modalidade de cheque é verdadeiramente uma compra de moeda estrangeira pelo correntista, a fim de trocá-la no estrangeiro, sendo que a instituição financeira faz a emissão, ficando à disposição do apresentante o valor correspondente.

É uma segurança tanto para seu portador, que conta com um seguro internacional em caso de extravio, como para o beneficiário ou tomador, em razão desse seguro, por conta da numeração específica.

A formalidade essencial desse cheque de viagem (*traveller check*) encontra-se na duplicidade de assinatura por parte do emitente, ou seja: a primeira aposição de assinatura se faz à frente do funcionário do banco sacado; no segundo momento, durante a efetiva emissão do *traveller check* perante o beneficiário, o emitente faz a segunda aposição de assinatura, diante deste, que confere as assinaturas e recebe ou não o *traveller check*.

Tal cheque é amplamente aceito em toda parte do mundo, porque se trata, em verdade, de valor previamente reservado pelo banco sacado em poder do beneficiário.

Eventual recusa do banco sacado em pagar o *traveller check* – embora raramente isto possa ocorrer – garante ação exclusiva contra o banco, e não contra o correntista, eis que este já havia adquirido os cheques de viagem anteriormente, pagando a quantia correspondente. Ainda devemos ter presente que eventual desvalorização da moeda estrangeira frente ao Real em nada modifica a emissão do cheque no Estrangeiro,

12. Sérgio Carlos Covello, *Contratos Bancários*, 3ª ed., p. 183.

devendo o beneficiado se conformar com a desvalorização, entrando na conta dos prejuízos.

10. Pluralidade de exemplares de cheques

Embora pouquíssimo usado no Brasil, por medida de segurança, admitiu a Lei 7.357/1985 que o cheque seja feito em mais de um exemplar quando se tratar de cheque emitido em um País tendo outro como praça de pagamento. Assim, o cheque 00500 do Banco "X" é pagável em Buenos Aires, embora emitido no Brasil, havendo no Brasil outro cheque 00500. Tal modelo foi retirado da Lei Uniforme das Letras de Câmbio e Notas Promissórias, sendo que o pagamento de um deles em qualquer das praças libera imediatamente o pagamento do outro.

Tal modalidade de cheque está prevista nos arts. 56 e 57 da lei.[13]

Quando efetuado o pagamento de um dos exemplares o próprio banco sacado trata de comunicar sua sucursal, a fim de evitar outro pagamento do mesmo cheque. Por isso, os cheques são numerados, a fim de evitar que sejam considerados sequenciais e, portanto, pagáveis cada um de per si.

Trata-se de modalidade de cheque que deve ser necessariamente emitido num País para ser pago em outro País, não podendo circular no Brasil mais de um cheque com o mesmo número, pois essa modalidade é específica e excepcional.

11. Do endosso do cheque

Inicialmente, cumpre consignar que o cheque é ordem de pagamento à vista, emitido a pessoa certa ou ao portador, sendo que para existir uma cláusula restritiva obrigatoriamente há que se grafar a frase "não à ordem".[14]

---

13. Lei 7.357/1985: "Art. 56. Excetuado o cheque ao portador, qualquer cheque emitido em um País e pagável em outro pode ser feito em vários exemplares idênticos, que devem ser numerados no próprio texto do título, sob pena de cada exemplar ser considerado cheque distinto.

"Art. 57 O pagamento feito contra a apresentação de um exemplar é liberatório, ainda que não estipulado que o pagamento torna sem efeito os outros exemplares. arágrafo único. O endossante que transferir os exemplares a diferentes pessoas e os endossantes posteriores respondem por todos os exemplares que assinarem e que não forem restituídos."

14. Lei 7.357/1985: "Art. 8º. Pode-se estipular no cheque que seu pagamento seja feito: I – a pessoa nomeada, com ou sem cláusula expressa 'à ordem'; II – a pessoa no-

O CHEQUE

Todo e qualquer cheque pode circular livremente por meio de endosso, assim como qualquer outro título de crédito, sendo que a Lei do Cheque tem normas específicas nos arts. 17^{15} a 28.

Por sinal, o art. 14 da Lei do Cheque, correspondente ao art. 11 da Lei Uniforme do Cheque, dispõe:

> Obriga-se pessoalmente quem assina cheque como mandatário ou representante, sem ter poderes para tal ou excedendo os que lhe foram conferidos. Pagando o cheque, tem os mesmos direitos daquele em cujo nome assinou.

Endosso é uma forma de transmissão do cheque ou do título de crédito, em face do princípio de sua autonomia quanto à relação que o gerou.

Explica Fran Martins:

> Quem transfere o cheque por endosso tem o nome de *endossante*; aquele que o recebe dessa forma é o *endossatário*. Num cheque ao *portador* naturalmente não existem endossante e endossatário, pois a sua transmissão não se faz por endosso mas por simples tradição manual. Teremos, apenas, o *portador* do título, que justifica seu direito pela simples posse do mesmo, dado o princípio de que a propriedade dos títulos ao portador se caracteriza pela posse (segundo a regra *en fait de meubles, possession vaut titre*), transferindo-se, portanto, a propriedade, pela simples tradição.[16]

---

meada, com a cláusula 'não à ordem', ou outra equivalente; III – ao portador. Parágrafo único. Vale como cheque ao portador o que não contém indicação do beneficiário e o emitido em favor de pessoa nomeada com a cláusula 'ou ao portador', ou expressão equivalente."

"Art. 22. O detentor de cheque 'à ordem' é considerado portador legitimado, se provar seu direito por uma série ininterrupta de endossos, mesmo que o último seja em branco. Para esse efeito, os endossos cancelados são considerados não escritos. Parágrafo único. Quando um endosso em branco for seguido de outro, entende-se que o signatário deste adquiriu o cheque pelo endosso em branco."

"Art. 23. O endosso num cheque passado ao portador torna o endossante responsável, nos termos das disposições que regulam o direito de ação, mas nem por isso converte o título num cheque 'à ordem'."

15. Lei 7.357/1985: "Art. 17. O cheque pagável a pessoa nomeada, com ou sem cláusula expressa 'à ordem', é transmissível por via de endosso. § 1º. O cheque pagável a pessoa nomeada, com a cláusula 'não à ordem', ou outra equivalente, só é transmissível pela forma e com os efeitos de cessão. § 2º. O endosso pode ser feito ao emitente, ou a outro obrigado, que podem novamente endossar o cheque."

16. Fran Martins, *Títulos de Crédito*, 3ª ed., p. 60.

O problema que se coloca agora é que o endossante passa a ser um devedor do título emitido, respondendo por eventuais danos causados – merecendo destaque esta explicação de Fran Martins:

O endossatário, sendo o sujeito ativo dos direitos incorporados no título, pode transferir esses direitos a uma outra pessoa reendossando o cheque. Mas, pelo fato de consistir o endosso na assinatura do titular dos direitos do cheque, ao transferi-lo a outra pessoa, transformando-se em endossante, assume ele, nessa qualidade de endossante, perante os futuros proprietários do cheque, a responsabilidade subsidiária de pagá-lo caso o indicado para pagar, no caso, o sacado, não o faça.[17]

Assim, o endosso deve ser considerado pura e simplesmente, *não podendo existir*, no cheque, *endosso parcial*, sendo considerada como não escrita qualquer forma de restrição da cártula, nos termos do art. 18 da Lei 7.357/1985.[18]

O endosso pode ser feito tanto no verso do cheque como em qualquer folha anexada a este, chamada na lei de "folha de alongamento", a fim de ser possível sua transmissão, nos termos do art. 19.[19]

Uma vez endossado o cheque, transmite-se ao endossatário todo e qualquer direito sobre o mesmo, desde que esteja este de boa-fé, na forma do art. 20.[20]

Alguns autores chamam de *endosso-recolhimento* ou *endosso-quitação* o fato de ser feita a assinatura junto ao sacado, quando se faz o saque na "boca" do caixa. Fran Martins dizia que se tratava de verda-

17. Idem, p. 61.
18. Lei 7.357/1985: "Art. 18. O endosso deve ser puro e simples, reputando-se não escrita qualquer condição a que seja subordinado. § 1º. São nulos o endosso parcial e o do sacado. § 2º. Vale como em branco o endosso ao portador. O endosso ao sacado vale apenas como quitação, salvo no caso de o sacado ter vários estabelecimentos e o endosso ser feito em favor de estabelecimento diverso daquele contra o qual o cheque foi emitido."
19. Lei 7.357/1985: "Art. 19. O endosso deve ser lançado no cheque ou na folha de alongamento e assinado pelo endossante, ou seu mandatário com poderes especiais. § 1º. O endosso pode não designar o endossatário. Consistindo apenas na assinatura do endossante (endosso em branco), só é válido quando lançado no verso do cheque ou na folha de alongamento. § 2º. A assinatura do endossante, ou a de seu mandatário com poderes especiais, pode ser constituída, na forma de legislação específica, por chancela mecânica, ou processo equivalente."
20. Lei 7.357/1985: "Art. 20. O endosso transmite todos os direitos resultantes do cheque. Se o endosso é em branco, pode o portador: I – completá-lo com o seu nome ou com o de outra pessoa; II – endossar novamente o cheque, em branco ou a outra pessoa; III – transferir o cheque a um terceiro, sem completar o endosso e sem endossar".

deiro endosso-caução, com o quê não concordava Pontes de Miranda, cuja posição é aplaudida por Marlon Tomazette, no sentido de que não existe tal colocação na Lei do Cheque e, ainda – especifica este último –, eventual transmissão dessa forma seria uma transmissão prevista no art. 918 do CC.

Pela simples assinatura no verso do cheque considera-se como transmitido a terceiro, sendo que nesse caso, para restringir a circulação do cheque pelo novo beneficiário, é necessário consignar expressamente que fica proibido novo endosso, nos termos do art. 21 da Lei do Cheque.[21]

De outro lado, o cheque pode circular com restrições, por meio de endosso-mandato, ocasião em que podem ser feitas as restrições previstas no art. 26 da Lei do Cheque, e, ainda, quando houver falecido o endossante ou vier a sofrer incapacidade civil, ainda assim não se extingue a relação cambiária.[22]

Assim como em qualquer título de crédito, é possível o endosso póstumo, tendo a Lei do Cheque tratado do assunto no art. 27, de fácil intelecção, de modo a evitar discussões acadêmicas sobre o assunto.[23]

De outro lado, presume-se que a pessoa que endossou cheque a terceiro tenha recebido o respectivo valor, sendo que toda e qualquer menção a obrigação anterior, uma vez endossado pelo beneficiário presume-se quitada, a teor do disposto no art. 28 da Lei 7.357/1985.[24]

---

21. Lei 7.357/1985: "Art. 21. Salvo estipulação em contrário, o endossante garante o pagamento. Parágrafo único. Pode o endossante proibir novo endosso; neste caso, não garante o pagamento a quem seja o cheque posteriormente endossado."
22. Lei 7.357/1985: "Art. 26. Quando o endosso contiver a cláusula 'valor em cobrança', 'para cobrança', 'por procuração', ou qualquer outra que implique apenas mandato, o portador pode exercer todos os direitos resultantes do cheque, mas só pode lançar no cheque endosso-mandato. Neste caso, os obrigados somente podem invocar contra o portador as exceções oponíveis ao endossante. Parágrafo único. O mandato contido no endosso não se extingue por morte do endossante ou por superveniência de sua incapacidade."
23. Lei 7.357/1985: "Art. 27. O endosso posterior ao protesto, ou declaração equivalente, ou à expiração do prazo de apresentação produz apenas os efeitos de cessão. Salvo prova em contrário, o endosso sem data presume-se anterior ao protesto, ou declaração equivalente, ou à expiração do prazo de apresentação".
24. Lei 7.357/1985: "Art. 28. O endosso no cheque nominativo, pago pelo banco contra o qual foi sacado, prova o recebimento da respectiva importância pela pessoa a favor da qual foi emitido, e pelos endossantes subsequentes. Parágrafo único. Se o cheque indica a nota, fatura, conta cambial, imposto lançado ou declarado a cujo pagamento se destina, ou outra causa da sua emissão, o endosso pela pessoa a favor da qual foi emitido, e a sua liquidação pelo banco sacado provam a extinção da obrigação indicada."

12. Da perda do cheque e suas consequências

Se alguém sofrer algum tipo de desapossamento do cheque de maneira fraudulenta ou, ainda, por meio de roubo, furto, perda, extravio etc., deve tomar os cuidados necessários para que seja imediatamente comunicado o banco sacado, a fim de evitar o pagamento do mesmo.

Além disso, deve registrar ocorrência policial, comunicando esse fato, o que, em tese, descaracterizaria a lisura do pagamento.

No entanto, só isso não é possível, mesmo porque o eventual adquirente de boa-fé do título de crédito não está obrigado a saber que se trata de cheque produto de algum tipo de delito anterior, sendo que costumeiramente o recebe e somente tem ciência desse evento quando lhe é negado o pagamento.

Daí a necessidade de publicação da perda do cheque em jornal de ampla circulação (por qualquer modo), a fim de que terceiros tenham ciência da possível vedação do pagamento e, consequentemente, não o recebam – tudo nos termos do art. 24 e seu parágrafo único da Lei 7.357/1985.[25]

Por sinal, é esta a determinação do art. 909 do CC.

Além disso, o art. 25 da Lei 7.357/1985 é claro no sentido de que não podem ser opostas as exceções fundadas em relações pessoais com o emitente do cheque. Dessa maneira, compete ao emitente provar que o portador agiu de má-fé, provando a posse consciente em detrimento do devedor.[26]

13. Do aval do cheque

Embora o cheque seja ordem de pagamento à vista, ainda é considerado como título de crédito, e, como tal, sujeito também ao aval, visando à garantia de dívida pessoal, não sendo proibido, mas, ao revés, permitido, esse tipo de situação, nos termos do art. 29 da Lei do Cheque.[27]

---

25. Lei 7.357/1985: "Art. 24. Desapossado alguém de um cheque, em virtude de qualquer evento, novo portador legitimado não está obrigado a restituí-lo, se não o adquiriu de má-fé. Parágrafo único. Sem prejuízo do disposto neste artigo, serão observadas, nos casos de perda, extravio, furto, roubo ou apropriação indébita do cheque, as disposições legais relativas à anulação e substituição de títulos ao portador, no que for aplicável."

26. Lei 7.357/1985: "Art. 25. Quem for demandado por obrigação resultante de cheque não pode opor ao portador exceções fundadas em relações pessoais com o emitente, ou com os portadores anteriores, salvo se o portador o adquiriu conscientemente em detrimento do devedor".

27. Lei 7.357/1985: "Art. 29. O pagamento do cheque pode ser garantido, no todo ou em parte, por aval prestado por terceiro, exceto o sacado, ou mesmo por signatário do título".

O cheque emitido com mais de uma assinatura, para garantia de pagamento futuro, além da pessoa do emitente, deve ser firmado pelo avalista, por meio da expressão "por aval" ou por meio de fórmula equivalente (*v.g.*: "avalizado", "avalista", "título avalizado" etc.). Se nada for aposto no cheque ou no alongamento do mesmo, a simples assinatura considera-se como complementar da garantia, *ex vi* do art. 30 da Lei do Cheque.[28]

Da mesma forma como nos demais títulos de crédito, é imperioso frisar que o cheque avalizado tem garantia dupla, ou seja, tanto a do emitente (sacador) quanto a do avalista (garantidor), não se podendo opor qualquer resistência à cobrança do valor do cheque mesmo na hipótese de ser nula a garantia dada pelo emitente ao tomador ou beneficiário, nos termos do art. 31 da Lei 7.357/1985.[29]

O aval é garantia extra dada ao tomador, devendo o avalista pagar o débito e, se assim o desejar, voltar-se contra o emitente e demais outros avalistas ou coobrigados.

Importante observar que o aval sofre restrição geral nos termos do art. 1.647 do CC, posto que é necessário outorga uxória ou marital no caso de ser o avalista casado – *seja qual for o regime, exceto na separação absoluta dos bens* –, inclusive para que o outro cônjuge possa defender seus interesses em possível demanda.[30]

---

28. Lei 7.357/1985: "Art. 30. O aval é lançado no cheque ou na folha de alongamento. Exprime-se pelas palavras 'por aval', ou fórmula equivalente, com a assinatura do avalista. Considera-se como resultante da simples assinatura do avalista, aposta no anverso do cheque, salvo quando se tratar da assinatura do emitente. Parágrafo único. O aval deve indicar o avalizado. Na falta de indicação, considera-se avalizado o emitente."

29. Lei 7.357/1985: "Art. 31. O avalista se obriga da mesma maneira que o avaliado. Subsiste sua obrigação, ainda que nula a por ele garantida, salvo se a nulidade resultar de vício de forma. Parágrafo único. O avalista que paga o cheque adquire todos os direitos dele resultantes contra o avalizado e contra os obrigados para com este em virtude do cheque."

30. CC: "Art. 1.647. Ressalvado o disposto no art. 1.648, nenhum dos cônjuges pode, sem autorização do outro, exceto no regime da separação absoluta: I – alienar ou gravar de ônus real os bens imóveis; II – pleitear, como autor ou réu, acerca desses bens ou direitos; III – prestar fiança ou aval; IV – fazer doação, não sendo remuneratória, de bens comuns, ou dos que possam integrar futura meação. Parágrafo único. São válidas as doações nupciais feitas aos filhos quando casarem ou estabelecerem economia separada."

14. Do prazo de apresentação do cheque

Como já se disse, o cheque é pagável à vista; qualquer outra fórmula contrária escrita no mesmo deve ser considerada como "não escrita", de acordo com o art. 32 da Lei do Cheque.[31]

Porém, para que seja quitado o cheque deve ser apresentado no prazo, isto é, assim como nas letras de câmbio, há necessidade de que o cheque seja visualizado para sua quitação, nos termos do art. 33 da Lei do Cheque. Esses prazos variam quando se trata de cheque pagável na mesma praça da emissão e em outra praça ou no Estrangeiro.

Assim, se for da mesma praça, o prazo é de 30 dias, enquanto na segunda hipótese é de 60 dias.[32]

Se o cheque não for apresentado para saque na "boca" do caixa, o depósito em câmara de compensação supre a apresentação, nos termos do art. 34.[33]

Adotou-se no Brasil o chamado prazo de *reapresentação do cheque*, que, na prática, significa que o primeiro dia do pagamento se mostrou ineficiente, por falta de fundos em poder do banco sacado, e se tenta uma segunda vez esse pagamento.

No caso de não ser possível, o nome do emitente será enviado para o Cadastro de Emitentes de Cheques sem Fundo (CCF), não sendo mais possível ao cliente a obtenção de novos talonários de cheques.

Se o emitente for casado e somente ele assinar o cheque, somente seu nome poderá constar do "cadastro negro", nos termos da Circular BACEN-3.334/2006.

Nos termos do art. 35 da Lei do Cheque, mesmo após o término do prazo de apresentação do cheque é possível que se faça a cobrança perante o banco sacado, sendo que a contraordem para a revogação da cobrança do cheque é relativa, devendo ser motivada e bem definida, judicial ou extrajudicialmente.[34]

---

31. Lei 7.357/1985: "Art. 32. O cheque é pagável à vista. Considera-se não escrita qualquer menção em contrário. Parágrafo único. O cheque apresentado para pagamento antes do dia indicado como data de emissão é pagável no dia da apresentação."

32. Lei 7.357/1985: "Art. 33. O cheque deve ser apresentado para pagamento, a contar do dia da emissão, no prazo de 30 (trinta) dias, quando emitido no lugar onde houver de ser pago; e de 60 (sessenta) dias, quando emitido em outro lugar do País ou no Exterior. Parágrafo único. Quando o cheque é emitido entre lugares com calendários diferentes, considera-se como de emissão o dia correspondente do calendário do lugar de pagamento."

33. Lei 7.357/1985: "Art. 34. A apresentação do cheque à câmara de compensação equivale à apresentação a pagamento".

34. Lei 7.357/1985: "Art. 35. O emitente do cheque pagável no Brasil pode revogá-lo, mercê de contraordem dada por aviso epistolar, ou por via judicial ou extrajudicial,

Mesmo durante o período de apresentação do cheque é possível emitir contraordem para que não seja feito o pagamento pelo banco sacado, ordenando a sustação por escrito, não podendo o banco sacado se interpor entre o beneficiário e sacador sobre os motivos que levaram à sustação, mesmo porque não se trata de relação envolvendo o banco, devendo este exclusivamente cumprir aquilo que o emitente determinou.[35]

Se a contraordem for emitida por extravio, furto ou roubo, o BACEN exige que seja feito também Boletim de Ocorrência/BO (Circular 2.655/1996), o que não deixa de ser tremenda inconsistência, *eis que o Boletim de Ocorrência não tem valor algum, posto que se trata, em realidade, de mera afirmação unilateral de pseudo-ocorrência de suposto delito.*

Trata-se de mal vezo imaginar que o BO é algo imprescindível. É a terra do papel!

Se o emitente do cheque vier a falecer, ainda assim está o banco obrigado ao pagamento do cheque, nos termos do art. 37 da Lei do Cheque.[36]

Se o cheque for pago, o sacado tem o direito de obter o recebimento do cheque quitado pelo portador, mesmo porque todo aquele que paga tem o direito de receber o termo de quitação e aquele que recebe tem o dever de dá-lo.

De outro lado, a Lei 7.357/1985 permite que o *cheque seja pago parcialmente* quando não houver fundos suficientes em poder do banco sacado na conta-corrente do emitente, nos termos do art. 38. Nesse caso não poderá o beneficiário negar-se a receber aquilo que exista em conta do emitente.[37]

---

com as razões motivadoras do ato. Parágrafo único. A revogação ou contraordem só produz efeito depois de expirado o prazo de apresentação e, não sendo promovida, pode o sacado pagar o cheque até que decorra o prazo de prescrição, nos termos do art. 59 desta Lei."

35. Lei 7.357/1985: "Art. 36. Mesmo durante o prazo de apresentação, o emitente e o portador legitimado podem fazer sustar o pagamento, manifestando ao sacado, por escrito, oposição fundada em relevante razão de direito. § 1º. A oposição do emitente e a revogação ou contraordem se excluem reciprocamente. § 2º. Não cabe ao sacado julgar da relevância da razão invocada pelo oponente."

36. Lei 7.357/1985: "Art. 37. A morte do emitente ou sua incapacidade superveniente à emissão não invalidam os efeitos do cheque".

37. Lei 7.357/1985: "Art. 38. O sacado pode exigir, ao pagar o cheque, que este lhe seja entregue quitado pelo portador. Parágrafo único. O portador não pode recusar pagamento parcial, e, nesse caso, o sacado pode exigir que esse pagamento conste do cheque e que o portador lhe dê a respectiva quitação."

O pagamento parcial do cheque é algo que praticamente ninguém conhece, nem mesmo os profissionais do Direito. É interessante notar que sempre que leciono constato o olhar de espanto com a afirmação de que o cheque pode ser pago parcialmente, é algo inacreditável. Dentro das dezenas de anos de magistério, tanto na graduação como nas pós--graduações, encontrei milhares de profissionais de instituições financeiras, desde caixas de bancos a altos executivos, e o olhar de espanto é o mesmo. Como costumo dizer: *Está na lei? Tem que ser cumprida. Eu não fiz a lei, apenas a cumpro.*

Logo, não é só um direito do tomador do cheque receber apenas parte do que lhe foi prometido, mas também obrigação do sacado pagar aquilo que existe à disposição do tomador, independentemente de não ser possível quitar o valor total. Se há um saldo, mesmo que não seja suficiente, deve ser pago, anotando-se no verso do cheque o pagamento daquele valor, demonstrando que há um "resto" a ser quitado. Esta é a regra. Não a exceção.

Os cheques são pagos na medida em que forem apresentados a cobrança ou na "boca" do caixa, independentemente da ordem de apresentação, sendo que poderá acontecer a seguinte situação: dois ou mais cheques chegam ao poder do banco sacado para efetuar o pagamento, mas não há saldo suficiente para honrar todos os compromissos.

Nesse caso, a Lei do Cheque inovou ao mandar pagar aquele que tiver a data mais antiga, e, se emitidos na mesma data, os de numeração menor, que se presume terem sido emitidos anteriormente aos demais, nos termos do art. 40 da Lei do Cheque.[38]

O cheque emitido em outra moeda deve ser convertido à moeda nacional no prazo de apresentação, devendo ser observadas as normas de conversão sobre o assunto, nos termos do art. 42 da Lei do Cheque.[39]

De outro lado, o CMN, por meio da Resolução 2.747/2000, autoriza o *cancelamento* do talonário de cheques ou de cada cheque, individualmente, no caso de preenchimento incorreto, mediante requerimento do próprio correntista.

---

38. Lei 7.357/1985: "Art. 40. O pagamento se fará à medida em que forem apresentados os cheques e se 2 (dois) ou mais forem apresentados simultaneamente, sem que os fundos disponíveis bastem para o pagamento de todos, terão preferência os de emissão mais antiga e, se da mesma data, os de número inferior".
39. Lei 7.357/1985: "Art. 42. O cheque em moeda estrangeira é pago, no prazo de apresentação, em moeda nacional ao câmbio do dia do pagamento, obedecida a legislação especial. Parágrafo único. Se o cheque não for pago no ato da apresentação, pode o portador optar entre o câmbio do dia da apresentação e o do dia do pagamento para efeito de conversão em moeda nacional."

O cheque pode, ainda, ser *sustado*, mediante ordem escrita do correntista, o que equivale a uma contraordem de pagamento, com base nos fundamentos do art. 36, já mencionado.

15. *Do pagamento de cheque falso ou falsificado*

É obrigação do sacado observar a regularidade dos pagamentos dos cheques que lhe são endereçados; deve-se conferir se os cheques emitidos à ordem e endossados estão legitimados ao recebimento, sob pena de arcar o banco sacado com os danos decorrentes do mau pagamento, nos termos do art. 39 da Lei do Cheque.

De igual modo, o banco sacado responde por perdas e danos no caso de pagamento de cheque falso, falsificado ou adulterado, sendo que é direito do sacado não efetuar pagamento de cheque que não preencha todos os requisitos legais e, ainda, quando houver justa causa para desconfiar da lisura do mesmo.

Nesse caso, se houver por parte do apresentante eventual participação na adulteração, há ressalva expressa na Lei do Cheque em relação ao banco sacado, tudo isso nos termos do art. 39 e seu parágrafo único.[40]

Desse modo, não está o banco sacado obrigado a pagar todo e qualquer cheque que lhe for apresentado; a própria lei faculta-lhe o direito de exigir explicações em determinadas condições, como se vê do art. 41, *in verbis*:

> O sacado pode pedir explicações ou garantia para pagar cheque mutilado, rasgado ou partido, ou que contenha borrões, emendas e dizeres que não pareçam formalmente normais.

Assim, terá o banco condições de melhor avaliar em que condições foi o cheque emitido e, ainda, se tem condições de ser efetivamente quitado.

Se, porém, faltarem as condições normais de lisura do cheque e este for pago, o banco sacado será responsável pelo ressarcimento ao correntista, por ser a situação totalmente anômala.

---

40. Lei 7.357/1985: "Art. 39. O sacado que paga cheque 'à ordem' é obrigado a verificar a regularidade da série de endossos, mas não a autenticidade das assinaturas dos endossantes. A mesma obrigação incumbe ao banco apresentante do cheque à câmara de compensação. Parágrafo único. Ressalvada a responsabilidade do apresentante, no caso da parte final deste artigo, o banco sacado responde pelo pagamento do cheque falso, falsificado ou alterado, salvo dolo ou culpa do correntista, do endossante ou do beneficiário, dos quais poderá o sacado, no todo ou em parte, reaver o que pagou."

16. Do protesto do cheque

O cheque que não for pago poderá ser alvo de protesto, embora independa de tal ato formal a execução pelo não pagamento em caso de intervenção, liquidação extrajudicial ou falência do sacado, na forma do art. 47, § 4º, da Lei 7.357/1985, *in verbis*:

> A execução independe do protesto e das declarações previstas neste artigo, se a apresentação ou o pagamento do cheque são obstados pelo fato de o sacado ter sido submetido a intervenção, liquidação extrajudicial ou falência.

Dessa forma, o protesto é apenas mais um ingrediente para demonstrar que o cheque não foi pago pelo banco sacado, por quaisquer das razões anteriormente mencionadas.

No entanto, sempre se exigiu o protesto do cheque furtado, roubado ou extraviado até bem pouco tempo, o que não deixa de ser uma excrescência e um abuso de direito por parte daquele que recebeu o cheque, seja de boa ou de má-fé.

O protesto do cheque surrupiado foi sendo combatido aos poucos pela doutrina (Paulo Restiffe Neto), ganhando força nos tribunais (TJSP, "Normas de Serviço dos Ofícios Extrajudiciais", Capítulo XV, item 10), até que a jurisprudência do STJ se consolidou no sentido de que tal forma de protesto é indevida (REsp 297.436-RJ, REsp 712.591-RS etc.).

Vale lembrar o escorreito posicionamento de Marlon Tomazette:

> A nosso ver, efetivamente não deve ocorrer o protesto dos cheques devolvidos por furto, roubo ou extravio, uma vez que não há qualquer necessidade de tal ato. Os direitos do credor contra os eventuais devedores indiretos já são resguardados pelo simples carimbo de devolução do cheque, não havendo a necessidade de realização do protesto para tanto. Assim sendo, caso o protesto seja realizado, haverá efetivamente um abuso de direito e, por isso, deverá o apresentante responder pelas perdas e danos que seu ato causar.[41]

Com inteira razão, mesmo porque o carimbo de impedimento de pagamento já é mais que suficiente para a execução, sendo que o protesto é mero ato demonstrativo desse não pagamento a tempo certo.

---

41. Marlon Tomazette, *Curso de Direito Empresarial. Títulos de Crédito*, cit., vol. 2, p. 232.

O protesto do cheque deve ser efetuado com todos os inúmeros *requisitos* do art. 48 da Lei do Cheque,[42] sendo que a ação de regresso de eventuais endossantes e/ou coobrigados somente poderá ser possível na forma do art. 49.[43] Deve-se atentar para as cláusulas específicas do art. 50 da Lei 7.357/1985 e a dispensa do protesto, nestes termos:

Art. 50. O emitente, o endossante e o avalista podem, pela cláusula "sem despesa", "sem protesto", ou outra equivalente, lançada no título e assinada, dispensar o portador, para promover a execução do título, do protesto ou da declaração equivalente. § 1º. A cláusula não dispensa o portador da apresentação do cheque no prazo estabelecido, nem dos avisos. Incumbe a quem alega a inobservância de prazo a prova respectiva. § 2º. A cláusula lançada pelo emitente produz efeito em relação a todos os obrigados; a lançada por endossante ou por avalista produz efeito somente em relação ao que lançar. § 3º. Se, apesar de cláusula lançada pelo emitente, o portador promove o protesto, as despesas correm por sua

---

42. Lei 7.357/1985: "Art. 48. O protesto ou as declarações do artigo anterior devem fazer-se no lugar de pagamento ou do domicílio do emitente, antes da expiração do prazo de apresentação. Se esta ocorrer no último dia do prazo, o protesto ou as declarações podem fazer-se no primeiro dia útil seguinte. § 1º. A entrega do cheque para protesto deve ser prenotada em livro especial e o protesto tirado no prazo de 3 (três) dias úteis a contar do recebimento do título. § 2º. O instrumento do protesto, datado e assinado pelo oficial público competente, contém: a) a transcrição literal do cheque, com todas as declarações nele inseridas, na ordem em que se acham lançadas; b) a certidão da intimação do emitente, de seu mandatário especial ou representante legal, e as demais pessoas obrigadas no cheque; c) a resposta dada pelos intimados ou a declaração da falta de resposta; d) a certidão de não haverem sido encontrados ou de serem desconhecidos o emitente ou os demais obrigados, realizada a intimação, nesse caso, pela imprensa. § 3º. O instrumento de protesto, depois de registrado em livro próprio, será entregue ao portador legitimado ou àquele que houver efetuado o pagamento. § 4º. Pago o cheque depois do protesto, pode este ser cancelado, a pedido de qualquer interessado, mediante arquivamento de cópia autenticada da quitação que contenha perfeita identificação do título."

43. Lei 7.357/1985: "Art. 49. O portador deve dar aviso da falta de pagamento a seu endossante e ao emitente, nos 4 (quatro) dias úteis seguintes ao do protesto ou das declarações previstas no art. 47 desta Lei ou, havendo cláusula 'sem despesa', ao da apresentação. § 1º. Cada endossante deve, nos 2 (dois) dias úteis seguintes ao do recebimento do aviso, comunicar seu teor ao endossante precedente, indicando os nomes e endereços dos que deram os avisos anteriores, e assim por diante, até o emitente, contando-se os prazos do recebimento do aviso precedente. § 2º. O aviso dado a um obrigado deve estender-se, no mesmo prazo, a seu avalista. § 3º. Se o endossante não houver indicado seu endereço ou o tiver feito de forma ilegível, basta o aviso ao endossante que o preceder. § 4º. O aviso pode ser dado por qualquer forma, até pela simples devolução do cheque. § 5º. Aquele que estiver obrigado a aviso deverá provar que o deu no prazo estipulado. Considera-se observado o prazo se, dentro dele, houver sido posta no Correio a carta de aviso. § 6º. Não decai do direito de regresso o que deixa de dar o aviso no prazo estabelecido. Responde, porém, pelo dano causado por sua negligência, sem que a indenização exceda o valor do cheque."

conta. Por elas respondem todos os obrigados, se a cláusula é lançada por endossante ou avalista.

Embora não sejam comuns tais cláusulas, a lei excepcionou tais formalidades, exatamente para que sejam mais fáceis as cobranças e os eventuais pagamentos. Tudo isso sem prejuízo das normas da lei especial de protesto (Lei 9.492/1997), que, por ser posterior, deve ser complementar à lei específica dos cheques.

17. Cobrança por falta de pagamento do cheque

Prevista no Capítulo VII da Lei do Cheque com o nome de "Da Ação por Falta de Pagamento", em realidade, trata-se de execução de título extrajudicial, nos termos do art. 784 do CPC. A Lei do Cheque estipulou claramente contra quem poderá ser promovida a execução no art. 47, nestes termos:

Art. 47. Pode o portador promover a execução do cheque: I – contra o emitente e seu avalista; II – contra os endossantes e seus avalistas, se o cheque apresentado em tempo hábil e a recusa de pagamento é comprovada pelo protesto ou por declaração do sacado, escrita e datada sobre o cheque, com indicação do dia de apresentação, ou, ainda, por declaração escrita e datada por câmara de compensação.

§ 1º. Qualquer das declarações previstas neste artigo dispensa o protesto e produz os efeitos deste.

§ 2º. Os signatários respondem pelos danos causados por declarações inexatas.

A Lei do Cheque inovou quanto à responsabilidade para a apresentação do cheque a cobrança dentro do prazo hábil descrito na lei, fazendo com que o portador perca o direito de cobrança quando não o faz no prazo, a fim de evitar que o sacador fique eternamente nas mãos do portador do cheque, consoante se vê do art. 47, § 3º:

§ 3º. O portador que não apresentar o cheque em tempo hábil, ou não comprovar a recusa de pagamento pela forma indicada neste artigo, perde o direito de execução contra o emitente, se este tinha fundos disponíveis durante o prazo de apresentação e os deixou de ter, em razão de fato que não lhe seja imputável.

Outra inovação salutar da legislação foi a desnecessidade de protesto do cheque quando tenham ocorrido problemas com a instituição financeira depositária da quantia necessária ao pagamento do cheque, nos termos do art. 47, § 4º:

§ 4º. A execução independe do protesto e das declarações previstas neste artigo, se a apresentação ou o pagamento do cheque são obstados pelo fato de o sacado ter sido submetido a intervenção, liquidação extrajudicial ou falência.

A Lei 7.357/1985 estipulou a possibilidade de cobrança de outros valores além daquele declarado no cheque, no art. 52, nestes termos:

> Art. 52. O portador pode exigir do demandado: I – a importância do cheque não pago; II – os juros legais desde o dia da apresentação; III – as despesas que fez; IV – a compensação pela perda do valor aquisitivo da moeda, até o embolso das importâncias mencionadas nos itens antecedentes.

Porém, a própria Lei do Cheque vetou qualquer cláusula remuneratória de juros nos cheques, nos termos do art. 10: "Considera-se não escrita a estipulação de juros inserida no cheque".

Desse modo, os juros que a Lei do Cheque permite são aqueles chamados de "juros legais", previstos no art. 406 do CC. O STJ já proclamou a taxa de 1% ao mês (3ª Turma, REsp/AgR no Ag 765.231-RS, rel. Min. Sidnei Beneti, j. 11.3.2008).

Parte legítima ativa para a execução é o portador do cheque, o qual se presume ser o credor do direito nele estipulado.

A prova do débito se faz com a apresentação do original do cheque, que deve preencher todos os requisitos legais para tanto.

Partes legítimas passivas são o emitente do cheque e todos os coobrigados (fiador, avalista, endossante etc.). Por sinal, é de clareza palmar o disposto no art. 51, dispensando maiores reflexões:

> Art. 51. Todos os obrigados respondem solidariamente para com o portador do cheque.
> § 1º. O portador tem o direito de demandar todos os obrigados, individual ou coletivamente, sem estar sujeito a observar a ordem em que se obrigaram. O mesmo direito cabe ao obrigado que pagar o cheque.
> § 2º. A ação contra um dos obrigados não impede sejam os outros demandados, mesmo que se tenham obrigado posteriormente àquele.
> § 3º. Regem-se pelas normas das obrigações solidárias as relações entre obrigados do mesmo grau.

Aquele que paga o cheque tem direito de exigir de seus garantes ou coobrigados aquilo que pagou, nos termos do art. 53, *in verbis*:

Art. 53. Quem paga o cheque pode exigir de seus garantes: I – a importância integral que pagou; II – os juros legais, a contar do dia do pagamento; III – as despesas que fez; IV – a compensação pela perda do valor aquisitivo da moeda, até o embolso das importâncias mencionadas nos itens antecedentes.

Evidentemente, o que pagou o cheque antes da demanda judicial tem direito de ficar na posse do cheque e dos demais documentos que comprovem a efetiva quitação, inclusive declaração sobre os juros e despesas, nos termos do art. 54 e seu parágrafo único.[44]

Como é no cheque que existe todo e qualquer direito de cobrança e de execução, a própria lei tratou de excepcionar as situações em que o cheque poderia deixar de ser apresentado ou o respectivo protesto, para pagamento. Nesse caso, o motivo do impedimento deve ser expresso no próprio cheque ou na folha de alongamento que se anexa ao mesmo, a fim de que as justificativas sejam conhecidas de todos aqueles que com ele tenham contato, tudo isso nos termos do art. 55 da Lei do Cheque.[45]

18. Da prescrição do direito de execução do cheque

O prazo de prescrição do direito de execução do cheque é de seis meses a contar do esgotamento do prazo de apresentação do cheque, isto é, 30 e 60 dias, se se tratar de cheque da mesma ou de praça distinta daquela em que emitido.

---

44. Lei 7.357/1985: "Art. 54. O obrigado contra o qual se promova execução, ou que a esta esteja sujeito, pode exigir, contra pagamento, a entrega do cheque, com o instrumento de protesto ou da declaração equivalente e a conta de juros e despesas quitada. Parágrafo único. O endossante que pagou o cheque pode cancelar seu endosso e os dos endossantes posteriores."
45. Lei 7.357/1985: "Art. 55. Quando disposição legal ou caso de força maior impedir a apresentação do cheque, o protesto ou a declaração equivalente nos prazos estabelecidos, consideram-se estes prorrogados. § 1º. O portador é obrigado a dar aviso imediato da ocorrência de força maior a seu endossante e a fazer menção do aviso dado mediante declaração datada e assinada por ele no cheque ou folha de alongamento. São aplicáveis, quanto ao mais, as disposições do art. 49 e seus §§ desta Lei. § 2º. Cessado o impedimento, deve o portador, imediatamente, apresentar o cheque para pagamento e, se couber, promover o protesto ou a declaração equivalente. § 3º. Se o impedimento durar por mais de 15 (quinze) dias, contados do dia em que o portador, mesmo antes de findo o prazo de apresentação, comunicou a ocorrência de força maior a seu endossante, poderá ser promovida a execução, sem necessidade da apresentação do protesto ou declaração equivalente. § 4º. Não constituem casos de força maior os fatos puramente pessoais relativos ao portador ou à pessoa por ele incumbida da apresentação do cheque, do protesto ou da obtenção da declaração equivalente."

Na Argentina o prazo de prescrição da execução é de um ano. Tal prazo é consumativo da prescrição independentemente de apresentação dentro ou fora dos 30-60 dias, a teor do disposto no art. 59 da Lei do Cheque.[46] Idêntico é o prazo de prescrição das ações regressivas de um obrigado ao pagamento contra outro, nos termos do parágrafo único do art. 59 da Lei do Cheque.

Não obstante, há julgados em sentido contrário, dizendo que o prazo deve ser contado da data em que foi negado o pagamento do título, por parte do banco sacado, quando este apôs seu carimbo de negativa.

De outro lado, o prazo de prescrição da ação de conhecimento, chamada na lei de "enriquecimento contra o emitente ou outros obrigados", por conta de locupletamento injusto, é de dois anos, contado do dia em que consumada a prescrição prevista no art. 59 e seu parágrafo, tudo nos termos do art. 61 da Lei do Cheque.[47]

É que o emitente pode se valer do cheque para obter vantagem indevida, motivo pelo qual não haveria tempo hábil para a observação atenta do beneficiário (portador) do cheque que fora vítima de fraude, razão pela qual o legislador resolveu alterar o prazo prescrição para dois anos.

A interrupção do prazo prescricional é possível, mas nesse caso a própria legislação foi profundamente draconiana, afirmando que somente produz efeito em relação àquele contra o qual foi realizado o ato, e não contra os demais, cujo prazo prescricional continua fluindo normalmente, nos termos do art. 60, *in verbis*:

> A interrupção da prescrição produz efeito somente contra o obrigado em relação ao qual foi promovido o ato interruptivo.

Finalmente, imaginemos que após a emissão do cheque e sua circulação tenha havido modificação da relação inicial que originou a emissão. Dessa maneira, ao invés de emitido *pro solvendo* (a ser pago

---

46. Lei 7.357/1985: "Art. 59. Prescreve em 6 (seis) meses, contados da expiração do prazo de apresentação, a ação que o art. 47 desta Lei assegura ao portador. Parágrafo único. A ação de regresso de um obrigado ao pagamento do cheque contra outro prescreve em 6 (seis) meses, contados do dia em que o obrigado pagou o cheque ou do dia em que foi demandado."
47. Lei 7.357/1985: "Art. 61 A ação de enriquecimento contra o emitente ou outros obrigados, que se locupletaram injustamente com o não pagamento do cheque, prescreve em 2 (dois) anos, contados do dia em que se consumar a prescrição prevista no art. 59 e seu parágrafo desta Lei".

imediatamente), se emite um cheque de características *pro soluto* (que deve ser pago mediante o adimplemento de uma condição). Na verdade, o cheque é apenas uma "garantia" de pagamento futuro, mediante condição a ser preenchida no futuro.

Dessa forma, está previsto no art. 62 da Lei do Cheque:

> Salvo prova de novação, a emissão ou a transferência do cheque não exclui a ação fundada na relação causal, feita a prova do não pagamento.

19. Dos aspectos penais no pagamento por meio de cheque

Está previsto no art. 171 do CP, especificamente no seu § 2º, VI, o seguinte: "VI – emite cheque, sem suficiente provisão de fundos em poder do sacado, ou lhe frustra o pagamento".

Interessante observar que o Projeto do Código Penal (Projeto de Lei do Senado 236, de 2012) deixou de configurar como crime, eis que atualmente tal disposição penal acabou caindo no vazio, em razão da diversificação do cheque como meio de pagamento de dívidas.

Por sinal, em face das inúmeras facilidades que os lojistas proporcionam quando se fala em pagamento em prestações, houve uma modificação da forma de utilização dos cheques. Os chamados "pré-datados" vingam no comércio em geral, desde a compra de quinquilharias até casas, apartamentos, carros, iates etc.

Por tal razão, por uma questão que vemos como sendo de política criminal, o Projeto do Código Penal já não mais acolhe como sendo crime a figura ora em estudo. Assim, também aqui haverá *abolitio criminis*.

Porém, nada obsta a que o cheque seja utilizado para a configuração do tipo fundamental do estelionato, sendo utilizado como artifício do crime.

Até lá, porém, dispõe a lei penal que é uma das formas de estelionato consiste em: *emitir cheque, sem suficiente provisão de fundos em poder do sacado, ou lhe frustrar o pagamento* (art. 171, § 2º, VI, do CP).

Como o cheque é ordem de pagamento que alguém faz a um banco, que detém o dinheiro em nome do emitente da ordem, a punição do delito se deve à inviolabilidade do patrimônio, evitando-se o enriquecimento ilícito, ou seja, sem causa.

Capítulo V
A DUPLICATA

1. Requisitos legais. 2. Formalização do aceite na duplicata. 3. Da recusa ou negativa de aceite da duplicata. 4. Do endosso e do aval da duplicata. 5. Do vencimento da duplicata. 6. Pagamento da duplicata. 7. Protesto da duplicata. 8. Do protesto indevido e indenização. 9. Do processo de cobrança da duplicata. 10. Da prescrição da ação cambial. 11. Da escrituração especial da Lei 5.474/1968. 12. Outras ações para recebimento da duplicata. 13. Da triplicata. 14. Duplicata de prestação de serviços. 15. Duplicata eletrônica ou virtual.

Ao contrário da grande maioria dos títulos de crédito, como a letra de câmbio, o cheque, a nota promissória etc., a duplicata é título de pagamento criado pelo empresariado brasileiro, nascido da necessidade de criar um título de crédito que relacionasse as vendas efetuadas pelos atacadistas, aos retalhistas, por meio de um sistema chamado de "duplicado", sendo que uma das vias ficava com o vendedor e a outra com o comprador, que assinava pura e simplesmente a via do vendedor, a qual valia como título de crédito no caso de eventual inadimplemento.

Tal "duplicado" foi inicialmente estabelecido no CComercial de 1850, no art. 219, para o controle dos tributos incidentes sobre as operações comerciais, e acabou por ser revogado em 1908, com a reforma da legislação cambiária, pelo Decreto 2.044, de 31.12.1908, mas permaneceu vigente entre os comerciantes, apesar de formalmente extinto. Em 1915 voltou a ser admitido parcialmente, ainda com fins de pagamento de tributos, onde incidia o chamado "*imposto do selo*", no qual era obrigatória a emissão de faturas.

Em 1920, durante o I Congresso das Associações Comerciais, surgiu a ideia de se criar um título que, de um lado, atendesse às exigências do Fisco e, de outro lado, tornasse mais fácil e ágil a circulação dos títulos de crédito decorrentes de vendas no varejo. Denominado, então, de "duplicata da fatura", em que a duplicata teria a facilidade inerente aos títulos de crédito, enquanto os tributos seriam auferidos e conferidos de acordo com as notas fiscais, onde se afixavam as estampilhas dos selos tributários.

Desse entendimento nascido no I Congresso das Associações Comerciais do Brasil foi elaborado o projeto para a primeira legislação (Lei 187/1936), onde havia grande controle por parte do Fisco.

No entanto, tal situação perdurou por pouco tempo, sendo que em 1968 surgiu a legislação atual das duplicatas, a Lei 5.474, que sofreu, posteriormente, pequena alteração, por meio do Decreto 436/1969. De outra banda, o art. 25 da Lei 5.474/1968 faz remissão expressa à aplicabilidade dos princípios gerais dos títulos de crédito, no que não for contrário ao texto vigente.[1]

Também se aplicam à duplicata a legislação posterior referente ao protesto de título (Lei 9.492/1997) bem como as normas relativas à defesa do consumidor, *ex vi* do Código de Defesa do Consumidor (Lei 8.078/1990), pois *a priori* não cabe a discussão sobre o destino do bem alienado – se para revenda ou consumidor final –, eis que isto é matéria alheia ao título de crédito, dado seu caráter peculiar de livre circulação. Porém, em caso de discussão sobre a origem do crédito é obrigatória a comprovação do fato gerador.

Além disso, o legislador cuidou de continuar fiscalizando a emissão de duplicatas e sua incidência fiscal, devido à ampla emissão e circulação de tais títulos de crédito, pontuando criminalmente a conduta indevida daqueles que se utilizam de tais instrumentos para a prática de ilícito. Dessa maneira, por força do art. 26 da Lei 5.474/1968, consta do art. 172 do CP a criminalização da emissão de duplicatas simuladas, assim como a Lei 8.137/1990 trata dos crimes contra a ordem econômica e tributária, inclusive a emissão de duplicatas em detrimento do Fisco.

A duplicata é, em última análise, título causal emitido pelo credor a fim de documentar ou constituir um crédito originado de uma venda e compra mercantil efetivamente realizada ou por uma prestação de serviço efetivamente concretizada, baseada numa nota fiscal.

Para Pontes de Miranda a duplicata é

um título cambiariforme, em que o criador do título assume, por promessa indireta (isto é, de ato-fato alheio, que é pagar), vinculação indireta.[2]

---

1. Lei 5.474/1968: "Art. 25. Aplicam-se à duplicata e à triplicata, no que couber, os dispositivos da legislação sobre emissão, circulação e pagamento das letras de câmbio".
2. F. C. Pontes de Miranda, *Tratado de Direito Cambiário*, p. 33.

De outro lado, Arnaldo Rizzardo escreve:

Pode-se sintetizar que a duplicata constitui um título de crédito com a cláusula à ordem, "que se caracteriza por documentar o saque do vendedor pela importância faturada ao comprador, identificado como sacado". Depreende-se daí que se trata de um título de crédito, nascendo de uma transação de natureza mercantil. Pressupõe um contrato de compra e venda ou uma prestação de serviços, isto é, sempre tendo a origem em uma causa negocial. Portanto, trata-se de um título causal, justamente porque se fundamenta num negócio subjacente.[3]

A principal característica da duplicata é mostrar que existiu uma relação jurídica entre o credor e o devedor, consubstanciada na venda e compra de determinado bem ou na prestação de determinado serviço.

Resumidamente, temos que o *sacador* da duplicata é a pessoa que vendeu a mercadoria ou prestou o serviço, enquanto o *sacado* é aquela que comprou ou recebeu o serviço prestado. No entanto, o *beneficiário* ou *tomador* do título é o próprio sacador, que terá o direito de receber o valor ali constante, não obstante possa fazer com que o título circule livremente.

Característica da duplicata é que ela somente pode ser emitida com prazo não inferior a 30 dias em relação à nota fiscal que lhe garante a existência do crédito, nos termos do art. 1º da Lei 5.474/1968. Daí chamar-se *título de crédito causal*, eis que esta causa é a vinculação existente entre o título e a relação inicial.

A *nota fiscal* ou *fatura* nada mais é que a documentação formal da alienação de determinado bem ou da prestação de determinado serviço, o que vincula o contrato à duplicata.

A emissão da *nota fiscal* ou *fatura* em regra é facultativa quando se tratar de venda com prazo de pagamento inferior a 30 dias, mas obrigatória, nos termos do art. 1º, quando se tratar de prazo maior.

Poderá também o sacador da fatura ou nota fiscal emitir a duplicata, a qual obrigatoriamente deverá conter todos os elementos necessários do art. 2º da Lei 5.474/1968.

O próprio *caput* do art. 2º da Lei 5.474/1968 dispõe que não se admitirá a emissão de qualquer outro título de crédito para documentar a transação comercial, senão, apenas e tão somente, a duplicata.

3. Arnaldo Rizzardo, *Títulos de Crédito*, 2ª ed., p. 228.

1. Requisitos legais

Importante observar que a duplicata também é *documento formal, não abstrato*, da causa que a gerou, devendo, por isso, obedecer a diversos *requisitos* previstos em lei (Lei 5.474/1968), sendo certo que sua emissão se encontra padronizada através da Resolução BACEN-102/1968, nos termos do art. 27 da Lei 5.474/1968, que atribuiu ao CMN tal padronização.

Esses requisitos são aqueles constantes do art. 2º da Lei 5.474/1968:

• A denominação "duplicata" escrita no texto do documento.

• O *número da fatura* a que se refere.

• A *quantia* que deve ser paga, sendo imprescindível especificar os *valores em algarismos e por extenso*.

• A *data do vencimento*, ou *declaração no sentido de que é à vista*.

• O *nome do sacado*, ou seja, a pessoa que deve pagar a duplicata, com sua correta *identificação*.

• O *nome do sacador*, isto é, a pessoa a quem o título deve ser pago, que, no caso, é a mesma pessoa que emite a duplicata.

• *Declaração de exatidão* por parte do *sacado* (*comprador-devedor*).

• *Declaração de obrigação* de pagar a dívida por parte do sacado, a ser previamente assinada pelo comprador, como aceite cambial.

• *Assinatura do sacador* (*emitente*), ou seja, a pessoa que emite o título, a pessoa que passa o título.

Nada obstante a clareza da legislação, ainda há que se argumentar no sentido de que a falta de data certa para pagamento indicará que se trata de título cujo pagamento deverá ser efetuado no prazo máximo de 30 dias, que é a regra do art. 1º da Lei 5.474/1968, não obstante alguns autores entendam – *data venia*, equivocadamente – tratar-se de título à vista.

Por outro lado, a duplicata somente existirá para uma única e exclusiva fatura ou nota fiscal, consoante se vê da clareza do § 2º do art. 2º da Lei 5.474/1968: "Uma só duplicata não pode corresponder a mais de uma fatura".

Se se tratar de venda parcelada, a emissão de duplicatas será feita com a adição de letras do alfabeto, em sequência, como exemplo: 3.009-A, 3.009-B, 3.009-C, com vencimentos em 30.3, 30.4 e 30.5 do ano "x".

Eventuais créditos do sacado ou descontos não poderão ser inseridos na duplicata, conforme o § 1º do art. 3º da Lei 5.474/1968.

2. Formalização do aceite na duplicata

A duplicata contém uma declaração unilateral de natureza cambial da ocorrência de uma pseudonegociação comercial envolvendo sacador e sacado.

Porém, é obrigatório que o sacado aceite a duplicata a fim de que a mesma tenha validade, pois sem isso será apenas um nome no título, sem validade alguma.

Ao contrário das letras de câmbio, o aceite da duplicata gera a obrigação de pagar o título de crédito, demonstrando a lisura do contrato inicialmente realizado entre as partes.

É com o *aceite* que a simples obrigação contratual se torna uma obrigação cambiária, podendo o título de crédito circular livremente, eis que o eventual adquirente dos direitos sabe que houve uma negociação real. Não havendo o aceite, o sacado (comprador) não assume quaisquer obrigações de validade do título de crédito.

O início do aceite se dá com a remessa da duplicata para o devedor, a fim de que firme a autenticidade da mesma ou, devolva o título para o credor, com a justificativa de sua recusa, na forma do art. 7º, *caput*, da Lei 5.474/1968. O prazo de restituição da duplicata, ou para apresentar justificativa de recusa de aceite, é de 10 dias.

Diante do que foi exposto, dir-se-á que ocorre o *aceite ordinário* quando o devedor assina simplesmente a duplicata e a devolve ao credor. Diz-se *aceite presumido* quando o sacado não faz o aceite da duplicata, nesse caso ficando o sacador sem garantia de que o título de crédito efetivamente constante de uma fatura possa circular livremente. Por conta disso, mesmo que não exista a assinatura na duplicata, o sacador poderá comprovar que a duplicata é válida desde que apresente prova da entrega efetiva da mercadoria ao sacado ou de que efetivamente prestou o serviço constante da nota fiscal correspondente.

Desse modo, a assinatura constante do comprovante da entrega da mercadoria, anexada à nota fiscal, prova que houve a negociação objeto do título de crédito. Nesse caso haverá excepcional vinculação do título de crédito à causa que levou à sua emissão.

Fala-se em *aceite por comunicação* quando há uma terceira pessoa entre o sacador e o sacado: a Lei 5.474/1968, no art. 7º, § 1º, menciona a figura da *instituição financeira cobradora* da duplicata, indicando que o sacado deve pagá-la na agência bancária cobradora. A falta de comunicação expressa de negativa de pagamento por parte do devedor importa aceite por comunicação da instituição financeira, lembrando que as causas de negação de aceite são as mesmas dos arts. 8º e 21 da Lei 5.474/1968, conforme exposto a seguir.

3. Da recusa ou negativa de aceite da duplicata

Nos termos dos arts. 8º e 21 da Lei 5.474/1968,[4] somente poderá haver *recusa de aceite* nas condições restritas ali indicadas, que correspondem, em sua grande maioria, às mesmas condições constantes do Código de Defesa do Consumidor e na parte das obrigações do Código Civil brasileiro.

Evidentemente, tratando-se de título de crédito causal por excelência, pode o sacado negar o aceite à duplicata, dentro de sua esfera de ponderação, considerando o que foi pactuado anteriormente.

Pode também negar a existência de relação causal com o emitente do título (sacador), oportunidade em que deve o sacador levar a protesto o mesmo, propondo ação adequada para a cobrança da duplicata, na forma prevista nos arts. 15 e ss.

Quando se nega a origem da duplicata ou se contesta a causa de sua emissão, sempre é possível discutir essa emissão, conforme amplamente aceito pela jurisprudência, como se vê, *v.g.*, de decisão do STJ, *in verbis*:

> Negada pelo sacado a causa que autorizaria o saque da duplicata, cumpre ao sacador comprovar documentalmente a entrega e o recebimento da mercadoria (arts. 333, II, e 334, II, ambos do CPC; 15, II, "b", da Lei n. 5.474, de 18.7.1968) – Recurso especial conhecido e provido (REsp 141.322-RS (1997/0051371-8), rel. Min. Barros Monteiro, j. 31.3.2004).

Nesse sentido é a remansosa jurisprudência sobre o assunto, como se vê de inúmeros julgados: *quando não for aceita a duplicata* – STJ, 3ª

---

4. Lei 5.474/1968: "Art. 8º. O comprador só poderá deixar de aceitar a duplicata por motivo de: I – avaria ou não recebimento das mercadorias, quando não expedidas ou não entregues por sua conta e risco; II – vícios, defeitos e diferenças na qualidade ou na quantidade das mercadorias, devidamente comprovados; III – divergência nos prazos ou nos preços ajustados".
"Art. 21. O sacado poderá deixar de aceitar a duplicata de prestação de serviços por motivo de: I – não correspondência com os serviços efetivamente contratados; II – vícios ou defeitos na qualidade dos serviços prestados, devidamente comprovados; III – divergências nos prazos ou nos preços ajustados."

Turma, AgR no Ag 395.215-MG, rel. Min. Antônio de Pádua Ribeiro, j. 5.3.2002; *quando houver sido prestado serviço de má qualidade ou contra as especificações técnicas* – TJSP, 22ª Câmara de Direito Privado, ACi 1.186.854-9, rel. Des. Campos Mello, j. 29.1.2008; *prestação de serviços condicionados à apresentação de provas* – TJSP, 19ª Câmara de Direito Privado, ACi 1.152.092-4, rel. Des. Alexandre David Malfatti, j. 17.10.2008; etc.

4. Do endosso e do aval da duplicata

Como já asseveramos, a duplicata é título de crédito criado no Brasil, sendo certo que há falta de regulamentação dos institutos do endosso e do aval em relação às duplicatas, não existindo, porém, contradição na sua aceitação, por força do disposto no art. 25 da Lei 5.474/1968, nestes termos:

> Aplicam-se à duplicata e à triplicata, no que couber, os dispositivos da legislação sobre emissão, circulação e pagamento das letras de câmbio.

5. Do vencimento da duplicata

Como já expusemos anteriormente, a duplicata poderá apresentar as seguintes formas de vencimento: (a) à vista – quando não há data fixada na duplicata deve-se considerar a data da apresentação do título ao sacado (art. 2º, § 1º, III, parte final, da Lei 5.474/1968); (b) *data certa do vencimento* – ao contrário, o sacador fixa data específica como sendo a do vencimento da duplicata (art. 2º, § 1º, III, primeira parte).

A diferença principal entre o que foi dito em relação às letras de câmbio é que a duplicata admite a chamada reforma ou prorrogação do vencimento, nos termos do art. 11, *caput*, da Lei 5.474/1968.

Nesse caso, deve ser feita pelo vendedor a anotação da prorrogação do vencimento, ou pelo endossatário do título, tanto na própria duplicata como por meio de documento autônomo. É muito comum que empresas emitentes de títulos que se encontram em situação financeira instável obtenham de seus fornecedores a prorrogação dos vencimentos dos títulos por meio de cartas (e até *e-mails*, atualmente), que são anexadas às duplicatas.

Com relação aos *endossantes* e *avalistas* a própria Lei 5.474/1968 tratou de lançar uma exceção aos mesmos, obrigando-os a anuírem à prorrogação expressamente, conforme o art. 11, parágrafo único.

6. Pagamento da duplicata

O principal objetivo da emissão de um título de crédito é seu pagamento. E, obviamente, o mesmo ocorre com a duplicata.

É claro que o pagamento da duplicata é uma obrigação do devedor, sendo que a Lei 5.474/1968 excepcionou diversas formas de quitação do título.

Inicialmente, no art. 9º, *caput*, outorgou a possibilidade de o devedor (comprador) resgatar (pagar) a duplicata antes de aceitá-la, ou até mesmo antes da data do vencimento do título, o que é, obviamente, uma exceção no direito empresarial.

Regra geral, o pagamento do título de crédito se faz com a anotação no próprio corpo do título de crédito, sendo que o art. 9º, § 1º, primeira parte, da Lei 5.474/1968 assim o determina, mas posteriormente permite que seja dada quitação da duplicata em documento autônomo, em separado, desde que exista referência expressa a que tal pagamento se refere especificamente à duplicata.

De outro lado, o pagamento poderá ser feito por meio de cheque a favor do endossatário do título, nos termos do art. 9º, § 2º, obrigando, nesse caso, à anotação no título da forma de pagamento.

Ainda admite a Lei 5.474/1968 o pagamento parcial do título, que não poderá ser negado pelo vendedor (emitente), tanto pela redação do próprio art. 9º, § 2º ("constituirá, igualmente, prova de pagamento, total ou parcial, da duplicata..."), da Lei 5.474/1968 como também pela Lei Uniforme de Genebra (art. 39).

No caso de pagamento parcial da duplicata, em razão de questões atinentes ao próprio negócio jurídico, isso deverá ser expresso no título, conforme determina o art. 10 da Lei 5.474/1968.

Ao contrário do que ocorre com os demais títulos de crédito, a posse da duplicata em poder do devedor não faz presumir que já houve o pagamento, pois poderá haver retenção indevida do título, o que gerará protesto por falta de devolução.

7. Protesto da duplicata

Nos termos do art. 13 da Lei 5.474/1968, o protesto da duplicata pode se dar por "falta de aceite, de devolução ou de pagamento".

O protesto por *falta de aceite* se dá quando o devedor deixa de devolver o título ao credor ou à instituição financeira encarregada da cobrança. Gerará o efeito de se tratar de um *aceite presumido*.

O protesto por *falta de devolução* é aquele em que o devedor não faz a remessa do título ao credor legitimado para a cobrança, aceitando o débito constante do documento. A falta de devolução gera a possibilidade de o credor emitir uma *triplicata* e fazer a cobrança da mesma forma que originalmente composta a duplicata, presumindo seu extravio ou perda, nos termos do art. 23 da Lei 5.474/1968.

O protesto por *falta de pagamento* é o mais comum e corriqueiro, demonstrando que o sacado se encontra em débito para com o credor. Tal protesto serve para demonstrar o débito. O prazo para tirar o protesto é de 30 dias, nos termos do art. 13, § 4º, da Lei 5.474/1968, servindo para interromper a prescrição (*ex vi* do art. 202 do CC).

O protesto por falta de pagamento leva o devedor ao "cadastro negro" de inadimplentes.

Dar-se-á o *protesto por indicação*, eis que, ao contrário da letra de câmbio e da nota promissória, não há necessidade de o credor levar ao cartório de protestos a duplicata, fisicamente, mas apenas indicações sobre a existência da mesma, com o número e a letra correspondentes (desde que em parcelas para serem pagas), livro e folhas de onde foi tirada etc.

A indicação do título a protesto é ato unilateral do credor ou do tomador do título, ou até mesmo da instituição financeira, os quais devem sempre e sempre responder por perdas e danos causados àquele que não é e nunca foi devedor de título algum, sendo injusta e ilegalmente processado, como sói acontecer.

Grande parte da doutrina não admite o protesto por indicação fora do caso de retenção da duplicata (art. 23 da Lei 5.474/1968), mas, infelizmente, a prática tem demonstrado que há o protesto independentemente da apresentação dos títulos, mormente considerando-se que são eles apresentados por instituições financeiras, que aparecem como cobradoras.

8. Do protesto indevido e indenização

Quando se tratar de protesto indevido de duplicatas, onde, regra geral, não existe causa para alicerçar o saque de uma duplicata, mormente quando há o protesto por mera indicação bancária, é devida indenização àquele que sofreu com o ato notarial indevido.

Lembremos que o cartório de protestos não é parte legítima para figurar na polaridade passiva da demanda, como erroneamente se vê em diversos julgamentos, mesmo porque sua atividade é apenas a de noticiar aquilo que o interessado lhe pede – não obstante seja regiamente pago por um serviço público caríssimo, gize-se! –, não podendo responder por seus atos de ofício a não ser que tenha agido com dolo ou má-fé.

No entanto, melhor sorte não acolhe os bancos, os verdadeiros culpados pela inscrição dos nomes dos devedores nos cartórios de protestos de títulos e detentores das iniciativas de protestos dos títulos de crédito, notadamente das duplicatas.

É que, pela sistemática adotada pelas instituições financeiras, os títulos de crédito são apontados pelos credores, trocados pelas mesmas, as quais se incumbem de fazer as cobranças bancárias, emitindo os boletos correspondentes (v., acima, item 9, "Dos títulos de crédito eletrônicos") em nome dos devedores e obrigando-os a pagar nos prazos preestabelecidos.

Quando não ocorrem os pagamentos, as instituições financeiras comunicam automaticamente os cartórios de protestos, e estes fazem os trâmites legais para a lavratura dos protestos dos títulos indicados, sem que estes existam, regra geral, fisicamente. Isto é: tudo se passa entre os bancos e os cartórios, eletronicamente, não havendo mais contato com o emitente do título (este, por óbvio, é uma das partes no processo de anulação de título, pois é dele a iniciativa da emissão/saque da duplicata).

Obviamente que os bancos devem responder pelos danos causados àqueles que sofreram pelos protestos indevidos, como já se posicionou a jurisprudência nacional, depois de um início de relutância: STJ, REsp 389.879-MG, Min. Sálvio de Figueiredo, *DJU* 2.9.2002; STJ, 3ª Turma, AgR no Ag 1.023.742-PR, rel. Min. Sidnei Beneti, j. 21.10.2008; TJSP, 20ª Câmara de Direito Privado, ACi 1.293.040-8, rel. Des. Cunha Garcia, j. 4.5.2009; TJSP, 37ª Câmara de Direito Privado, ACi 7.373.227-7, rel. Des. Tasso Duarte de Melo, j. 7.10.2009; etc.

9. *Do processo de cobrança da duplicata*

A execução da duplicata é regida tanto pelo Código de Processo Civil como pelos arts. 15-18 da Lei 5.474/1968, sendo certo que se trata de verdadeira cobrança do direito creditício estampado no título de crédito. Aliás, não de outra forma está previsto no art. 784 do CPC, como títulos executivos extrajudiciais.

A ação cambial (ou execução) pode ser proposta contra o aceitante da duplicata ou triplicata, independentemente de protesto (art. 15, I), ou, quando estas não forem aceitas, desde que, cumulativamente, forem elas protestadas, apresentados os documentos hábeis de efetiva entrega das mercadorias e/ou prestados os serviços constantes da nota fiscal ou, ainda, que tenha havido recusa de aceite.

Assim, a execução dar-se-á tanto em relação aos chamados devedores principais, que deverão ser responsabilizados pelo débito logo após o vencimento da duplicata, como também em relação aos coobrigados, quaisquer que sejam as condições do protesto.

Como já especificamos anteriormente, a ação cambial (ou execução) poderá ser proposta contra os devedores principais e todos os coobrigados da duplicata, não se podendo falar, nesse caso, em direito de preferência, eis que todos são obrigados ao pagamento.

10. Da prescrição da ação cambial

Interessante notar que o prazo prescricional não é único, eis que sofre modificações dependendo do tipo de ação ajuizada, nos termos do art. 18 da Lei 5.474/1968.

No caso de serem propostas ações cambiais contra o aceitante e seus avalistas, ações diretas, esse prazo é de três anos, a contar do vencimento do título.

No caso de ser a ação proposta contra o endossante e/ou sacador da letra de câmbio o prazo prescricional é de apenas um ano, contado da data do protesto.

No caso em que as ações sejam movidas pelos endossantes da letra de câmbio contra os outros endossantes ou, ainda, contra o sacador o prazo é menor ainda, pois prescreve em um ano a contar do dia em que o endossante efetuou o pagamento do título.

No entanto, nunca é demais lembrar que a ocorrência da prescrição da *via executiva* não impede, no entanto, a cobrança do título pela *via ordinária*, por meio de propositura de ação de conhecimento, na forma dos arts. 700-702 do CPC.

Tal ação consiste na faculdade estabelecida ao credor para a cobrança de quantia certa ou de coisa móvel quando não tenha título executivo, sendo que o crédito deve ser comprovado por documento hábil.

Tanto a ação de conhecimento quanto a ação monitória prescrevem em cinco anos, nos termos do art. 206, I, e § 5º, do CC/2002, sendo que esse prazo começa a fluir a partir da data em que a medida poderia ter sido ajuizada.

Assim, há um segundo prazo prescricional após o prazo primeiro da ação cambial.

11. Da escrituração especial da Lei 5.474/1968

As duplicatas e as notas fiscais devem ser escrituradas de maneira específica, constante do art. 19 e seus §§ 1º-3º da Lei 5.474/1968 ("Registro de Duplicatas"), além dos demais livros obrigatórios, constantes do art. 1.180 do CC ("Diário").

Evidentemente, os livros comerciais são indispensáveis aos empresários, não podendo os mesmos se furtar a escriturá-los corretamente.

Aliás, a boa escrituração dos livros comerciais faz prova a favor do empresário honesto, ao passo que a inexistência ou a deficiência da escrita comercial faz prova contrária aos interesses do empresário, tudo isso conforme se vê do disposto nos arts. 417-421 do CPC.

Dessa maneira, existindo dúvidas sobre a lisura da escrituração, haverá indícios contra o empresário, conforme dispõe o art. 417;[5] ao revés, a boa escrituração, a lisura das anotações, a falta de borrões ou rasuras demonstram que o empresário tem consciência de suas obrigações e sempre mantém seus livros em dia, provando a seu favor, nos termos do art. 418 do CPC.[6]

12. Outras ações para recebimento da duplicata

Nada obstante os fundamentos básicos para o recebimento das duplicatas, pode ocorrer que as mesmas não venham a preencher os requisitos específicos de sua confecção, o que tornaria inócua sua cobrança.

Porém, a Lei das Duplicatas prevê uma hipótese específica de cobrança da duplicata imperfeita ou não formalmente completa, conforme se vê do art. 16 da Lei 5.474/1968, sendo que nesse caso a duplicata passaria a ser apenas o "início de prova" da existência de um negócio jurídico, devendo, então, o credor mover ação própria, baseada no negócio que originou a confecção da duplicata.

Tal solução já foi apontada pelo STJ quando do julgamento do REsp 434.991-DF (4ª Turma, rel. Min. Aldir Passarinho Jr., j. 19.8.2004,

---

5. CPC: "Art. 417. Os livros empresariais provam contra seu autor, sendo lícito ao empresário, todavia, demonstrar, por todos os meios permitidos em Direito, que os lançamentos não correspondem à verdade dos fatos".

6. CPC: "Art. 418. Os livros empresariais que preencham os requisitos exigidos por lei provam a favor de seu autor no litígio entre empresários".

DJU 28.2.2005, p. 325), quando se observou a possibilidade de cobrança da duplicata imperfeita com base no negócio jurídico.

Ficou assentado, ainda, que a cobrança poderia se dar tanto pela ação ordinária como pelo rito sumário ou do Juizado Especial ou, ainda, dependendo do valor, por meio de ação monitória.

Nesse caso, o prazo prescricional baseia no negócio jurídico, e não na Lei 5.474/1968, cujo prazo é sempre menor.

13. Da triplicata

Como já asseveramos anteriormente, a ausência de devolução da duplicata encaminhada para aceite ou sua perda ou extravio podem ensejar a emissão de uma triplicata, nos termos do art. 23 da Lei 5.474/1968.

Importante asseverar que a emissão da triplicata segue as mesmas regras da duplicata.

Tola é a discussão que se presta a analisar a hipótese de retenção da duplicata por parte daquele que deveria aceitar ou recusar, mesmo porque a retenção nada mais é que uma das espécies de falta de devolução previstas na lei, parecendo-nos óbvio que a não entrega dentro do prazo estipulado caracteriza a "falta de devolução" prevista na lei, não precisando de maiores detalhes sobre os motivos da retenção espúria.

Nesse caso, está o credor apto a emitir outro título, que agora se chamará triplicata.

14. Duplicata de prestação de serviços

Da mesma forma que a duplicata de compra e venda mercantil, aquele que realiza serviços tem o direito de emitir duplicata pela prestação de serviço efetivamente realizada.

Tal emissão é facultativa, gize-se, pelas regras cambiárias, não o sendo, porém, pelas regras de fiscalização do Erário, sob pena de enriquecimento ilícito daquele que realiza serviços e não comunica ao Fisco os ganhos deles decorrentes.

As regras da emissão de duplicata de prestação de serviços são as mesmas da duplicata de compra e venda mercantil, acrescentadas dos requisitos exigidos pelo § 3º do art. 20 da Lei 5.474/1968,[7] isto é:

---

7. Lei 5.474/1968: "Art. 20. As empresas, individuais ou coletivas, fundações ou sociedades civis, que se dediquem à prestação de serviços poderão, também, na forma

juntamente com apresentação da duplicata a protesto exige-se também o comprovante da efetiva prestação dos serviços por parte do devedor, apontado para protesto.

Em realidade, na questão prática, os cartórios de protestos passaram a dispensar a apresentação de tais documentos, substituindo-os por simples "declaração de sua existência" – com o quê não podemos concordar, posto que, nesse caso, o cartório deixa de exercer a efetiva fiscalização que lhe é outorgada por lei. Ademais, se não fossem "substituídos" tais documentos pela declaração, poderiam ser evitados protestos indevidos, como sói acontecer no caso de abuso do prestador de serviços.

De outro lado, importante observar que qualquer prestador de serviços pode emitir duplicatas, pouco importando se se trata de empresário ou não empresário – como é o caso, por exemplo, de uma fundação, ou sociedade simples ou associação –, a fim de documentar e comprovar a efetiva realização de um serviço qualquer.

Porém, a doutrina tem entendido que não poderiam profissionais liberais emitir duplicatas de seus serviços efetivamente prestados, mas tão somente fatura, como se vê dos argumentos de João Eunápio Borges, Fran Martins e Márcia Carla Pereira Ribeiro, entre outros.

Em realidade, não há quaisquer empecilhos lógicos ou jurídicos que justifiquem a emissão de duplicatas por parte dos profissionais liberais, não se vendo razão plausível para um médico, dentista, psicólogo, engenheiro ou advogado etc. não terem o direito de emitir duplicatas de serviços efetivamente prestados.

No dizer de Marlon Tomazette, o motivo da vedação "é mais histórico do que efetivo, levando em conta apenas a tradição dessas atividades e não o seu atual estágio".[8]

De fato, não existe vedação alguma na Lei 5.474/1968, como já anteriormente exposto, o que não justifica um impedimento de natureza meramente "histórica".

---

desta Lei, emitir fatura e duplicata. § 1º. A fatura deverá discriminar a natureza dos serviços prestados. § 2º. A soma a pagar em dinheiro corresponderá ao preço dos serviços prestados. § 3º. Aplicam-se à fatura e duplicata ou triplicata de prestação de serviços, com as adaptações cabíveis, as disposições referentes à fatura e à duplicata ou triplicata de venda mercantil, constituindo documento hábil, para transcrição do instrumento de protesto, qualquer documento que comprove a efetiva prestação dos serviços e o vínculo contratual que o autorizou."
    8. Marlon Tomazette, *Curso de Direito Empresarial. Títulos de Crédito*, cit., vol. 2, p. 297.

15. Duplicata eletrônica ou virtual

É claro que a vida moderna impôs uma série de exigências ao chamado homem contemporâneo. Facilidades do dia a dia são bem-vindas, tornando as relações entre os homens muito mais rápidas; porém, não menos humanas.

Os bons momentos de desfrutar um cafezinho, uma conversa sobre a vida etc. ficaram relegados ao fator "tempo", lembrando-se da máxima de Henri Ford: "tempo é dinheiro" (*time is money*).

Com o correr dos dias, com as inovações tecnológicas, surgiram centenas de novas fobias sociais, sendo a mais recente a "fonofobia", que é o pavor de sair de casa sem o telefone celular. Tal situação seria inacreditável há 10 anos. Mas é esta a realidade atual.

E no mundo dos negócios a realidade virtual está presente diariamente.

Os cheques pós-datados, os computadores, a transmissão de dados *on-line*, tudo gira com uma rapidez incomensurável.

Apesar de o assunto ser extremamente importante, tudo o que foi dito anteriormente a respeito dos títulos de crédito eletrônicos aqui tem plena aplicação, remetendo o leitor para tal tópico (item 9, acima).

Capítulo VI
OS TÍTULOS DE CRÉDITO RURAL

1. Duplicata rural. 2. Nota promissória rural. 3. Cédula de crédito rural. 4. Cédula de produto rural: 4.1 Instituição das garantias da cédula rural. 5. Nota de crédito rural. 6. Da ação de cobrança dos títulos de crédito rural.

A intenção inicial era criar uma série de condições para que os "homens do campo" pudessem se manter nas suas propriedades rurais, sem promover o êxodo do campo para as cidades, dando aos rurícolas as mesmas condições do "homem da cidade" no que diz respeito ao crédito bancário.

A ideia entabulada dizia respeito às condições financeiras dos camponios, onde conseguiriam crédito fácil para suas plantações, colheitas, criações etc. – enfim, tudo destinado a fixar o homem do campo nas suas propriedades rurais, promovendo o desenvolvimento do Brasil, então um País nitidamente agrário mas que, com a chegada das inovações tecnológicas, passou a atrair mais e mais os rurícolas para os grandes centros, esvaziando o meio rural.

O abandono das propriedades rurais era uma constante em face das intempéries, das sucessivas quebras de safra, dos problemas de logística (como o esburacamento das estradas vicinais, por exemplo).

Enfim, havia uma ininterrupta onda de dissabores dos homens do campo em relação à política governista, sendo então criada, em 1935, a pomposa e escoteira *Carteira de Crédito Agrícola e Industrial do Banco do Brasil*, que pretendia solenemente – e nada mais que isso – "instituir e fomentar o incremento da riqueza nacional", como forma de prestar assistência financeira direta à agricultura, à pecuária e às indústrias, então incipientes no território nacional, conforme se vê do art. 1º do Regulamento do Ministro da Fazenda datado de 24.4.1939.

Antes disso, porém, pela Lei 492, de 30.8.1937, procurou-se dar regulamento e incremento maior ao crédito rural, com o penhor rural e a cédula rural pignoratícia. Pelo art. 1º da Lei 492/1937 ficou assentado que

> constitui-se o penhor rural pelo vínculo real, resultante do registro, por via do qual agricultores ou criadores sujeitam suas culturas ou animais ao cumprimento de obrigações, ficando como depositários daqueles ou destes.

Pelo penhor rural o pecuarista ou agricultor não era mais o senhor e dono dos bens que produzia, mas, sim, mero depositário fiel desses bens, respondendo, inclusive pessoalmente, pelos danos que viesse a produzir às instituições financeiras.

Posteriormente, pela Lei 3.523, de 27.8.1959, houve uma reforma desses títulos de crédito, passando a ser considerados como títulos de crédito impróprios, mas mantendo as mesmas bases anteriormente fixadas.

Pela Lei da Reforma Bancária – Lei 4.595, de 31.12.1964 – atribuiu-se ao Banco do Brasil a incumbência de financiar as atividades rurais (arts. 4º e 19) e se determinou ao CMN a fiscalização das atividades rurais.

Com a Lei 4.829, de 5.11.1965, institucionalizou-se o crédito rural, sendo que, nos termos do seu art. 1º, o mesmo deveria ser "distribuído e aplicado de acordo com a política de desenvolvimento da produção rural do País e tendo em vista o bem-estar do povo" – o que demonstra claramente o caráter político-administrativo e demagógico da aplicação do dinheiro público.

Porém, o pior ainda estava por vir, eis que o art. 2º da Lei 4.829/1965 veio a estabelecer a quem era destinado o crédito do Governo, claramente utilizado para fins políticos:

> Considera-se crédito rural o suprimento de recursos financeiros por entidades públicas e estabelecimentos de crédito particulares a produtores rurais ou a suas cooperativas para aplicação exclusiva em atividades que se enquadrem nos objetivos indicados na legislação em vigor.

Esse crédito rural foi amplamente utilizado para suprir as deficiências político-governistas, no aspecto de promover o bem-estar do povo, fazendo-o, porém, por meio de um canal de crédito de sua principal instituição financeira, ou seja, o Banco do Brasil S/A, o qual, por sua vez, tinha a possibilidade de repassar recursos às instituições privadas, as quais repassavam tais recursos, advindos do Erário, para o setor produtivo, sendo, pois, cobrados novos valores sobre o valor original repassado – o que, a toda evidência, aumentava consideravelmente o preço a ser encaminhado ao consumidor final, que tornava seu produto pouco competitivo.

Finalmente, pelo Decreto-lei 167, de 14.2.1967, foram regulamentadas a emissão, circulação e instituição de garantias sobre os títulos de crédito rurais, passando a referida legislação por pontuais alterações.

Vejamos, porém, as espécies de títulos de crédito criados no sistema jurídico brasileiro.

1. Duplicata rural

Tal modalidade de título de crédito foi criada no Brasil por meio da Lei 3.253, de 27.8.1957, posteriormente reformada pelo Decreto-lei 167, de 14.2.1967, sendo essa duplicata rural destinada ao fomento do comércio rural, servindo para ser utilizada pelos ruralistas ou cooperativas de rurícolas.

Esta duplicata rural era destinada a promover o financiamento rural, concedido por órgãos integrantes do sistema nacional de crédito rural, sendo o público-alvo exclusivamente a pessoa física ou jurídica que trabalhasse na terra e no campo, eis que era voltada para os pecuaristas e agricultores.

Embora a intenção inicial do Governo Federal fosse a concessão de crédito aos rurícolas, agricultores e pecuaristas, na prática se demonstrou desastrosa, pois as instituições financeiras se puseram a emprestar e financiar este grupo de campônios, os quais, no mais das vezes, nem sequer conseguiam entender o caráter do negócio em que estavam se metendo, dadas as elevadas taxas de juros, culminando por sofrer execuções de suas próprias propriedades rurais, até então produtivas.

Em realidade, o financiamento bancário deveria ser cobrado exclusivamente nos dias 30 de junho de 31 de dezembro, nos termos das taxas fixadas pelo CMN (art. 5º[1]), o qual, nos termos do art. 6º desse Decreto

---

1. Decreto lei 167/1967: "Art. 5º. As importâncias fornecidas pelo financiador vencerão juros às taxas que o Conselho Monetário Nacional fixar e serão exigíveis em 30 de junho e 31 de dezembro ou no vencimento das prestações, se assim acordado entre as partes; no vencimento do título e na liquidação, por outra forma que vier a ser determinada por aquele Conselho, podendo o financiador, nas datas previstas, capitalizar tais

167/1967, deveria exercer a "mais ampla fiscalização da quantia financiada, exibindo, inclusive os elementos que lhe forem exigidos".[2]

Além disso, há a possibilidade de se exibir uma "taxa de comissão de fiscalização", para fazer frente às despesas operacionais de fiscalização dos serviços realizados pelos ruralistas. Mas, por incrível que pareça, o valor não é sobre a fiscalização real, mas, sim, nos termos do art. 8º, essa taxa é

> calculada sobre os saldos devedores da conta vinculada à operação, respondendo ainda o financiado pelo pagamento de quaisquer despesas que se verificarem com vistorias frustradas ou que forem efetuadas em consequência de procedimento seu que possa prejudicar as condições legais e cedulares.

Dito de outra forma: quanto maior for o débito, maior a taxa a ser cobrada dos rurícolas.

Tal modalidade de título de crédito é considerada título de crédito causal, isto é, está vinculada ao contrato de financiamento de produção e/ou criação efetuado pelo trabalhador rural.

2. Nota promissória rural

A nota promissória rural foi criada pelo Decreto-lei 167, de 14.2.1967, destinada ao financiamento rural, sendo certo que sua própria classificação acabou por ser considerada vinculada ao contrato que deu origem à sua criação.

Tal nota promissória rural também é um título causal, cuja origem prende-se obrigatoriamente ao tipo de negócio que a gerou, sendo criada através do Decreto 57.663/1966, somente expedida em três situações: (a) nas vendas a prazo de bens de natureza agrícola, extrativa ou pastoril, nos negócios realizados por produtores rurais ou cooperativas rurais; (b) nos recebimentos das cooperativas de produtos da mesma natureza entregues pelos seus cooperados; (c) nas entregas de bens de produção ou de consumo feitas pelas cooperativas aos seus cooperados.

---

encargos na conta vinculada à operação. Parágrafo único. Em caso de mora, a taxa de juros constante da cédula será elevável de 1% (um por cento) ao ano."
2. Decreto lei 167/1967: "Art. 6º. O financiado facultará ao financiador a mais ampla fiscalização da aplicação da quantia financiada, exibindo, inclusive, os elementos que lhe forem exigidos".

Possui alguns requisitos básicos, sendo os principais: (a) denominação *Nota Promissória Rural*, sendo que tal designação demonstrará a qualquer interessado que se trata de título de crédito vinculado à origem; (b) nome da pessoa física ou jurídica que vende ou entrega os bens e nome da pessoa que deve ser paga, seguida da cláusula "à ordem"; (c) valor do pagamento, sendo que neste caso deverá corresponder necessariamente ao preço dos produtos adquiridos ou recebidos ou no adiantamento por conta do preço dos produtos recebidos para venda; (d) indicação dos produtos objeto da compra e venda ou entrega; (e) praça do pagamento; (f) data do pagamento; (g) data da emissão da nota promissória rural; (h) local da emissão da nota promissória rural; (i) assinatura do próprio punho do emitente ou de seu representante legal com poderes específicos para sua representação.

De outro lado, há regras específicas em relação à nota promissória rural, como a impossibilidade de aval, que deverá ser considerado nulo, salvo quando seja avalizada por um dos participantes da operação creditícia. Também não há possibilidade de instituição de garantias reais ou pessoais quando não seja também participante da relação creditícia.

Assim como qualquer título de crédito, a nota promissória rural poderá ser quitada parcialmente, devendo, neste caso, constar expressamente do título, ou de folha anexa, esse pagamento.

Quanto ao não pagamento da nota promissória rural, ensejando execução, deverão ser penhorados os bens indicados no próprio título de crédito ou, não mais os havendo em qualidade, quantidade e espécies equivalentes, podendo nesse caso o credor promover antecipadamente a venda dos bens penhorados, sendo que o produto deverá ser depositado em juízo, enquanto se aguarda eventual discussão sobre a validade da obrigação originária do título de crédito rural.

3. Cédula de crédito rural

Assim como *todas as cédulas de crédito*, sejam industriais, sejam comerciais, sejam bancárias, sejam de exportação ou imobiliárias, há a personificação de crédito mediante constituição de uma "cédula", ou contrato, estabelecendo o tipo de financiamento que é feito e a destinação dada ao valor entregue, geralmente por uma instituição financeira, que se garante com a própria garantia instituída na cédula ou contrato.

Daí advém o nome "cédula de crédito". A declaração da garantia do crédito é feita no próprio documento emitido pelo credor sobre bem especificado, que garante o pagamento do débito futuro.

No caso da *cédula de crédito rural* há a garantia, real ou não, constituída em uma cédula para pagamento de um valor em dinheiro, previamente recebido por aquele que pretende trabalhar em qualquer das atividades agropastoris, nos termos do art. 9º do Decreto-lei 167/1967, segundo o qual há quatro espécies de cédulas de crédito rural, mas todas cumprem a mesma função (financiamento agropastoril), a saber: (a) cédula rural pignoratícia; (b) cédula rural hipotecária; (c) cédula rural pignoratícia e hipotecária; (d) nota de crédito rural.

Como se pode perceber as três primeiras modalidades são destinadas a garantir créditos por meio de penhor de bens móveis (pignoratícios) ou imóveis (hipotecárias), ao passo que a quarta modalidade (nota de crédito rural) se destina à garantia exclusivamente fidejussória, sem a especificação de bem.

A própria lei declara que a cédula de crédito rural é título *civil*, líquido e certo, exigível pela soma dele constante ou do endosso, além dos juros, da comissão de fiscalização, se esta houver, e das demais despesas a que o credor for obrigado para a realização de seu direito creditório, *ex vi* do art. 10 do Decreto-lei 167/1967.[3]

A denominação "título civil" teve muita influência no passado, por conta da dicotomia existente entre o direito civil e o direito comercial, que atualmente, em face do Código Civil/2002, perdeu sua referência, mesmo porque sempre se contestou o caráter civil dos títulos rurais quando se tratava do *agrobusiness*, ou a emissão para uma sociedade anônima, esta claramente e legalmente denominada empresarial, independentemente de sua atividade.

Em verdade, as cédulas de crédito rural são títulos puramente comerciais de larga difusão no Brasil, principalmente, destinados ao financiamento da produção rural, de maneira geral.

A cédula de crédito rural deverá conter todos os elementos específicos dos títulos de crédito, sendo possível também o pagamento parcial da mesma, quando, então, deverá ser declarada sua quitação no verso

---

3. Decreto-lei 167/1967: "Art. 10. A cédula de crédito rural é título civil, líquido e certo, exigível pela soma dela constante ou do endosso, além dos juros, da comissão de fiscalização, se houver, e demais despesas que o credor fizer para segurança, regularidade e realização de seu direito creditório. § 1º. Se o emitente houver deixado de levantar qualquer parcela do crédito deferido ou tiver feito pagamentos parciais, o credor descontá-los-á da soma declarada na cédula, tornando-se exigível apenas o saldo. § 2º. Não constando do endosso o valor pelo qual se transfere a cédula, prevalecerá o da soma declarada no título acrescido dos acessórios, na forma deste artigo, deduzido o valor das quitações parciais passadas no próprio título."

do documento, ou em documento apropriado ou, ainda, em folha anexa à própria cédula de crédito rural, nos termos do art. 10 do Decreto-lei 167/1967.

Também se admite a transferência da cédula de crédito rural por meio de endosso, sendo que, à falta de esclarecimento do valor endossado, presume a legislação que se trata do valor integral declarado no título, acrescido dos acessórios legais (art. 10, § 2º, do Decreto-lei 167/1967).

Além disso, é título formal, eis que a formalidade é um dos requisitos da sua constituição, nos termos do art. 14 do Decreto-lei 167/1967.[4]

Merece destaque o inciso II do art. 14 do Decreto-lei 167/1967, com as cláusulas "nos termos da cláusula (...)", o que demonstra nitidamente seu caráter de título causal, bem como a necessidade de descrição dos bens dados em garantia, quando esta existir.

Na cédula de crédito rural há uma circunstância completamente diferente de outros títulos de créditos normais, prevista na própria legislação: a inadimplência do emitente do título por qualquer outra obrigação que seja, legal ou convencional, acarretará o vencimento antecipado da cédula de crédito rural, nos termos do art. 11 do Decreto-lei 167/1967.[5]

4. Decreto-lei 167/1967: "Art. 14. A cédula rural pignoratícia conterá os seguintes requisitos, lançados no contexto: I – denominação 'cédula rural pignoratícia'; II – data e condições de pagamento; havendo prestações periódicas ou prorrogações de vencimento, acrescentar: 'nos termos da cláusula Forma de Pagamento abaixo' ou 'nos termos da cláusula Ajuste de Prorrogação abaixo'; III – nome do credor e a cláusula à ordem; IV – valor do crédito deferido, lançado em algarismos e por extenso, com indicação da finalidade ruralista a que se destina o financiamento concedido e a forma de sua utilização; V – descrição dos bens vinculados em penhor, que se indicarão pela espécie, qualidade, quantidade, marca ou período de produção, se for o caso, além do local ou depósito em que os mesmos bens se encontrarem; VI – taxa dos juros a pagar, e da comissão de fiscalização, se houver, e o tempo de seu pagamento; VII – praça do pagamento; VIII – data e lugar da emissão; IX – assinatura do próprio punho do emitente ou de representante com poderes especiais. § 1º. As cláusulas 'Forma de Pagamento' ou 'Ajuste de Prorrogação', quando cabíveis, serão incluídas logo após a descrição da garantia, estabelecendo-se, na primeira, os valores e datas das prestações e, na segunda, as prorrogações previstas e as condições a que está sujeita sua efetivação. § 2º. A descrição dos bens vinculados à garantia poderá ser feita em documento à parte, em duas vias, assinadas pelo emitente e autenticadas pelo credor, fazendo-se, na cédula, menção a essa circunstância, logo após a indicação do grau do penhor e de seu valor global."
5. Decreto-lei 167/1967: "Art. 11. Importa vencimento de cédula de crédito rural, independentemente de aviso ou interpelação judicial ou extrajudicial, a inadimplência de qualquer obrigação convencional ou legal do emitente do título ou, sendo o caso, do terceiro prestante da garantia real. Parágrafo único. Verificado o inadimplemento, poderá ainda o credor considerar vencidos antecipadamente todos os financiamentos rurais concedidos ao emitente e dos quais seja credor."

Interessante a finalização de Fran Martins:

> Em resumo: poder-se-á considerar a cédula de crédito rural o instrumento especial criado pela lei para a realização de uma operação de financiamento rural, podendo ter garantia real, mobiliária ou imobiliária, ou ambas, ao mesmo tempo, contando com alguns requisitos dos títulos de crédito em geral mas se afastando bastante desses por possuir regras próprias, em certo modo conflitantes com as normas que regem os títulos de crédito em geral.[6]

Nessa assertiva não há o que discordar, mesmo porque resume o pensamento que levou à criação dos títulos de crédito específicos, sendo certo que faltou ao grande Mestre cearense, *data venia*, somente uma explicação, que se faz necessária.

A cédula de crédito rural é título de crédito causal, proveniente do financiamento rural, pouco importando a forma como ela é instituída, eis que toda sua dinâmica de constituição e liquidação está intimamente vinculada ao fato gerador, que é o financiamento do setor agropastoril.

4. Cédula de produto rural

Pela Lei 8.929, de 22.8.1994 foi instituída a *cédula de produto rural*, que nada mais é que um título representativo de promessa de entrega de determinado produto rural, com ou sem garantia instituída (art. 1º).

Esta cédula é igual às demais, sendo que agora não se prende a algo que será plantado, produzido, criado, ou seja, destinado ao financiamento daquilo que o campônio pretende produzir, mas, sim, a algo já existente, fungível, conhecido e personalizado.

Por meio desse título ou se entrega o produto rural – daí estar descartado qualquer outro industrializado ou comercial – ou se paga o valor correspondente ao *produto* emitido, não ao valor do bem, eis que este pode variar, de acordo com as condições climáticas etc.

Trata-se, pois, de título de crédito *impróprio*. O produto continua em poder do produtor, do atravessador, mas o que se negocia simplesmente é o papel representativo de um crédito.

A grande vantagem desse título de crédito é que ele é facilmente negociável, sendo que o produtor pode se beneficiar com a variação do valor do bem.

---

6. Fran Martins, *Títulos de Crédito*, 14ª ed., p. 471.

Gladston Mamede explica bem a situação:

Note-se, porém, que na *cédula de produto rural* não se tem um valor, mas um produto que deve ser entregue pelo devedor, indicado por espécie, qualidade e quantidade. O Banco do Brasil S/A trabalha com o chamado BB-CPR, um sistema por meio do qual são analisadas emissões de cédula de produto rural que, se aprovadas, recebem o aval do banco e são negociadas no mercado, tanto por quem pretende apenas se beneficiar da variação de preço dos produtos (via de regra, *commodities* como açúcar, café, trigo etc.) ou, mesmo, para quem pretenda garantir abastecimento do bem.[7]

Pelo art. 4º da Lei 8.929/1994, a ação para cobrança desse título de crédito impróprio é a execução por quantia certa. Porém, esse valor deve ser calculado de acordo com as taxas oficiais de cada produto no dia em que se pretende ajuizar a execução, ou, com maior razão, da data do protesto.[8]

Pelo art. 5º da mesma Lei 8.929/1994 é possível, ainda, a constituição de garantia cedulares, conforme anteriormente estudado, bem como a constituição de alienação fiduciária a favor do credor – o que nos parece certo exagero de garantias a favor de alguém que é apenas um especulador do produto já acabado.[9]

---

7. Gladston Mamede, *Manual de Direito Empresarial*, p. 390.
8. Lei 8.929/1994: "Art. 4º. A CPR é título líquido e certo, exigível pela quantidade e qualidade de produto nela previsto. Parágrafo único. O cumprimento parcial da obrigação de entrega será anotado, sucessivamente, no verso da cédula, tornando-se exigível apenas o saldo.

"Art. 4º-A. Fica permitida a liquidação financeira da CPR de que trata esta Lei, desde que observadas as seguintes condições: I – que seja explicitado, em seu corpo, os referenciais necessários à clara identificação do preço ou do índice de preços a ser utilizado no resgate do título, a instituição responsável por sua apuração ou divulgação, a praça ou o mercado de formação do preço e o nome do índice; II – que os indicadores de preço de que trata o inciso anterior sejam apurados por instituições idôneas e de credibilidade junto às partes contratantes, tenham divulgação periódica, preferencialmente diária, e ampla divulgação ou facilidade de acesso, de forma a estarem facilmente disponíveis para as partes contratantes; III – que seja caracterizada por seu nome, seguido da expressão 'financeira'.

"§ 1º. A CPR com liquidação financeira é um título líquido e certo, exigível, na data de seu vencimento, pelo resultado da multiplicação do preço, apurado segundo os critérios previstos neste artigo, pela quantidade do produto especificado.

"§ 2º. Para cobrança da CPR com liquidação financeira, cabe ação de execução por quantia certa."
9. Lei 8.929/1994: "Art. 5º. A garantia cedular da obrigação poderá consistir em: I – hipoteca; II – penhor; III – alienação fiduciária".

4.1 Instituição das garantias da cédula rural

Diversamente de outros institutos de crédito, a cédula rural tem especificações para a constituição das garantias pignoratícias e hipotecárias.

De outro lado, ao contrário do penhor comum, previsto no art. 1.431 do CC/2002, há clara exceção no sentido de que os bens permanecerão em poder do *devedor*, não do credor, mesmo porque a regra é bastante simples: no mais das vezes o devedor é o campônio que necessita de meios suficientes para produzir e vender seus bens.

De mais a mais, tratando-se de bens necessários ao sustento familiar, haveria enorme conflito de interesses, principalmente com a cláusula de impenhorabilidade prevista no art. 833 do CPC.[10]

Outra situação díspar em relação à forma do Código Civil/2002 está na constituição da garantia, pois, enquanto neste se exige instrumento especial, público ou privado, para esse fim, na cédula de crédito pigno-

---

10. CPC: "Art. 833. São impenhoráveis: I – os bens inalienáveis e os declarados, por ato voluntário, não sujeitos à execução; II – os móveis, os pertences e as utilidades domésticas que guarnecem a residência do executado, salvo os de elevado valor ou os que ultrapassem as necessidades comuns correspondentes a um médio padrão de vida; III – os vestuários, bem como os pertences de uso pessoal do executado, salvo se de elevado valor; IV – os vencimentos, os subsídios, os soldos, os salários, as remunerações, os proventos de aposentadoria, as pensões, os pecúlios e os montepios, bem como as quantias recebidas por liberalidade de terceiro e destinadas ao sustento do devedor e de sua família, os ganhos de trabalhador autônomo e os honorários de profissional liberal, ressalvado o § 2º; V – os livros, as máquinas, as ferramentas, os utensílios, os instrumentos ou outros bens móveis necessários ou úteis ao exercício da profissão do executado; VI – o seguro de vida; VII – os materiais necessários para obras em andamento, salvo se essas forem penhoradas; VIII – a pequena propriedade rural, assim definida em lei, desde que trabalhada pela família; IX – os recursos públicos recebidos por instituições privadas para aplicação compulsória em educação, saúde ou assistência social; X – a quantia depositada em caderneta de poupança, até o limite de 40 (quarenta) salários-mínimos; XI – os recursos públicos do fundo partidário recebidos por partido político, nos termos da lei; XII – os créditos oriundos da alienação de unidades imobiliárias, sob regime de incorporação imobiliária, vinculados à execução da obra. § 1º. A impenhorabilidade não é oponível à execução de dívida relativa ao próprio bem, inclusive àquela contraída para sua aquisição. § 2º. O disposto nos incisos IV e X do *caput* não se aplica à hipótese de penhora para pagamento de prestação alimentícia, independentemente de sua origem, bem como às importâncias excedentes a 50 (cinquenta) salários-mínimos mensais, devendo a constrição observar o disposto no art. 528, § 8º, e no art. 529, § 3º. § 3º. Incluem-se na impenhorabilidade prevista no inciso V do *caput* os equipamentos, os implementos e as máquinas agrícolas pertencentes a pessoa física ou a empresa individual produtora rural, exceto quando tais bens tenham sido objeto de financiamento e estejam vinculados em garantia a negócio jurídico ou quando respondam por dívida de natureza alimentar, trabalhista ou previdenciária."

ratícia o próprio instrumento é a constituição dessa garantia, bastando a nomeação do credor para o benefício, sempre com a cláusula "à ordem".

Mais uma situação específica está prevista na cédula de crédito rural, nos termos dos arts. 17 e 18, que é a garantia dada por terceiros, sendo que neste caso o terceiro responderá solidariamente pelo débito, não podendo, contudo, os bens do terceiro, dados em penhor, ser removidos antes de liquidada a cédula de crédito rural.

Uma vez emitida a cédula de crédito rural, deverá esta ser inscrita no Cartório de Registro de Imóveis da circunscrição onde se situar o imóvel cujos bens tenham sido empenhados; no caso de cooperativa a inscrição dar-se-á no domicílio da emitente da cédula de crédito rural, fazendo-se todos os registros nos termos dos arts. 127 e ss. da Lei 6.015/1973 (Lei de Registros Públicos).

A própria legislação especial determina que poderá ser emitida uma via da cédula devidamente registrada no Cartório de Registro de Imóveis, mas que nesse caso terá que ser impressa em linhas transversais a frase "via não negociável", nos termos do art. 32, § 1º, do Decreto-lei 167/1967, a fim de não levar a erro eventual negociador da cédula de crédito rural, por meio, por exemplo, de endosso.

Havendo quitação do débito, proceder-se-á ao cancelamento da averbação da hipoteca ou do penhor, nos termos do art. 39 do Decreto-lei 167/1967.

Tratando-se de cédula de crédito rural de natureza hipotecária, a hipoteca abrange todos os melhoramentos constantes do imóvel, nos termos do art. 1.474 do CC/2002, não discrepando os arts. 21, 22 e 29 do Decreto-lei 167/1967.

Preocupação recorrente do legislador encontra-se na possibilidade de errônea descrição dos bens dados em hipoteca, constituindo a permissão de persecução criminal contra o agente, nos termos do art. 21, parágrafo único, do Decreto-lei 167/1967.

A par das garantias isoladas – sobre móvel (pignoratícia) e sobre imóvel (hipotecária) –, o próprio Decreto-lei 167/1967 permitiu que a cédula de crédito rural tivesse dupla garantia, sobre os bens móveis e imóveis. A isto se dá o nome cédula de crédito rural hipotecária e pignoratícia, ou vice-versa, demonstrando a maior preocupação do credor com eventual inadimplemento do devedor, motivo pelo qual se cerca de todas as cautelas necessárias, a fim de evitar prejuízo.

Tal forma de agir se dá, no mais das vezes, em situações em que o gerente da instituição financeira (ou seu preposto) não tem boas referências ou não tem nenhum tipo de referência sobre a pessoa que busca o crédito rural, motivo pelo qual procura se cercar de mais de uma garantia para que a instituição financeira não fique no prejuízo no caso de não pagamento do crédito recebido.

5. Nota de crédito rural

Ao contrário dos outros títulos mencionados anteriormente, a nota de crédito rural não goza de qualquer garantia real, sendo que sua emissão é muito mais proveniente da confiança que a instituição financeira tem sobre aquele que toma dinheiro do que de qualquer outro pressuposto.

Se o mutuário é pessoa conhecida por honrar seus compromissos, não há razão para a constituição de uma série de garantias, motivo pelo qual o legislador garante ao credor o *status* de credor privilegiado, nos termos do art. 28 do Decreto-lei 167/1967 e do art. 964 do CC/2002.

Esse título de crédito é utilizado com bastante frequência para os pequenos valores ou quando o mutuário já tenha obtido outros financiamentos, gerando hipotecas e/ou penhores sobre seus bens.

Da mesma forma que os demais títulos, para ter eficácia contra terceiros há necessidade de inscrição no Cartório de Registro de Imóveis da circunscrição onde esteja situado o imóvel do mutuário, *ex vi* dos arts. 30, parágrafo único, e 39, § 1º, do Decreto-lei 167/1967.

6. Da ação de cobrança dos títulos de crédito rural

Pelo art. 41 do Decreto-lei 167/1967, a ação cabível para a cobrança da cédula de crédito rural é a executiva, que, pela redação atual do CPC, é a execução de títulos judiciais ou extrajudiciais, por força da redação do art. 784, XII. No entanto, algumas vozes se levantaram contra a remessa dos títulos de crédito rural às normas generalistas do Código de Processo Civil, afirmando que não haviam sido recepcionadas, pois o decreto-lei continha normas absolutamente distintas.

Porém, em que pese à opinião escoteira divergente, é certo que o Código de Processo Civil veio deliberar ordinariamente sobre a execução dos títulos executivos judiciais e extrajudiciais, estabelecendo, inclusive, normas específicas para determinados títulos, não sendo os rurais excetuados mas, ao revés, mencionados no seu art. 784, XII, se não de maneira expressa, de maneira límpida, a não ensejar discrepâncias.

Assim, entendemos que não há possibilidade de fornecer meios executórios mais gravosos aos devedores de instituições financeiras que deixaram de ter a prudência necessária quando da concessão de crédito ou de sua eficaz fiscalização – inclusive para a qual são cobrados valores exacerbados –, tornando-se as instituições financeiras *superpartes* contra os infelizes e por vezes – gize-se, na grande maioria das vezes – honestos proprietários rurais, que cultivam suas terras, mas que, por uma infelicidade qualquer, não puderam quitar suas dívidas.

Destarte, considerando os graves problemas relacionados à forma coercitiva da execução do art. 41 do Decreto-lei 167/1967, parece-nos irremediavelmente derrogado tanto pelas sucessivas reformas do Código de Processo Civil, no tocante à execução, como pelos novos conceitos constitucionais, onde há plena garantia da propriedade, produtividade, além do contraditório e ampla defesa.

Capítulo VII
OS TÍTULOS REPRESENTATIVOS

1. Conhecimento de depósito e "warrant": 1.1 Do endosso do "warrant" – 1.2 Do endosso do conhecimento de depósito – 1.3 Do resgate das mercadorias/bens – 1.4 Inadimplência do "warrant" – 1.5 Extravio ou destruição dos títulos. 2. Conhecimento de depósito agropecuário. e "warrant" agropecuário. 3. Conhecimento de transporte. 4. Conhecimento de fretamento marítimo. 5. Conhecimento de fretamento aéreo. 6. Dos títulos de crédito imobiliários: 6.1 Das letras imobiliárias (Lei 4.380/1964) – 6.2 Das cédulas hipotecárias (Decreto-lei 70/1966): (a) Da liquidação da cédula hipotecária – (b) Inadimplemento da cédula hipotecária – (c) Implicação penal da emissão irregular. de cédula hipotecária – 6.3 Das letras hipotecárias (Lei 7.684/1988) – 6.4 Das letras de crédito imobiliário (Lei 10.931/2004) – 6.5 Das cédulas de crédito imobiliário (Lei 10.931/2004) – 6.6 Certificados de recebíveis imobiliários – 6.7 Cédulas de crédito bancário.

Os chamados *títulos representativos* são aqueles que não expressam necessariamente uma operação de crédito, mas têm finalidade distinta, visando a comprovar que mercadorias ou bens fundamentam sua existência. Desse modo, os títulos representativos são, como o próprio nome diz, *representações de bens ou mercadorias, ficando o possuidor do título apto a realizar negócios sem necessidade de demonstrar a existência física dos bens, bastando apresentar o documento que representa a propriedade, a fim de negociá-lo diretamente com terceiros.*

Os terceiros não têm necessidade de analisar os bens e/ou mercadorias anteriormente para o fechamento dos negócios, eis que a existência física dos bens e/ou mercadorias está caracterizada pelo documento que se encontra na mão do legítimo proprietário.

Tais títulos representativos já existiam há algum tempo, mas foram definidos legalmente com o Código Civil da Itália de 1942, levando Adriano Fiorentino a asseverar que os mesmos são verdadeiros "títulos de tradição", pois a incorporação de todos os direitos sobre a coisa depositada ou transportada se resumia na posse no título.[1]

Para Tullio Ascarelli esses títulos de crédito são de fácil circulação, eis que a transferência (*traditio*) importa também transferência da propriedade sobre as coisas (bens ou mercadorias) depositadas em transportadas.[2]

De fato, pode acontecer que uma mercadoria seja embarcada de navio em determinado País da Ásia para o Brasil, com prazo de entrega em 30 dias; a posse do documento demonstrando que a mercadoria foi transportada garante ao seu proprietário o direito de vendê-la antes mesmo da chegada, valendo-se exclusivamente da posse do título de crédito representativo da aludida mercadoria.

Regra geral, no Brasil tais títulos de crédito representativos são comumente chamados de *conhecimento de depósito*, *conhecimento de transporte* (ou *de frete*) e *warrant*, sendo certo, ainda, que a Lei das Sociedades por Ações contempla outros títulos de crédito representativos, como o *certificado de depósito de ações* e a *cédula pignoratícia de debêntures*, que são regulamentados pela Lei 6.385, de 7.12.1976, sendo que o CMN os classifica como verdadeiros títulos de valores mobiliários, motivo pelo qual não são destacados no momento.

Fixemo-nos, pois, nestas espécies de títulos de crédito representativos criados no sistema jurídico brasileiro.

1. Conhecimento de depósito e *"warrant"*

Tais modalidades de título de crédito foram criadas no Brasil por meio do Decreto 1.102, de 21.11.1903,[3] que visava a regulamentar as

---

1. Adriano Fiorentino, "Titoli di credito", in Scialoja e Bianca Zanichelli (coords.), *Comentários ao Código Civil*, p. 108.
2. Tullio Ascarelli, *Teoria Geral dos Títulos de Crédito*, 2ª ed., p. 145.
3. Decreto 1.102/1903: "Art. 1º. As pessoas naturais ou jurídicas, aptas para o exercício do comércio, que pretenderem estabelecer empresas de armazéns-gerais, tendo por fim a guarda e conservação de mercadorias e a emissão de títulos especiais, que as representem, deverão declarar à Junta Comercial do respectivo Distrito: 1º) a sua firma, ou, se se tratar de sociedade anônima, a designação que lhe for própria, o capital da empresa e o domicílio; 2º) a denominação, a situação, o número, a capacidade, a comodidade e a segurança dos armazéns; 3º) a natureza das mercadorias que recebem em depósito; 4º) as operações e serviços a que se propõem. A essas declarações juntarão: a) o regulamento interno dos armazéns e da sala de vendas públicas; b) a tarifa remuneratória do depósito e dos outros serviços; c) a certidão do contrato social ou estatutos, devidamente registrados, se se tratar de pessoa jurídica. § 1º. A Junta Comercial, verificando que o regulamento

empresas de *armazéns-gerais*, seu modo de constituição e especificamente seus direitos e suas obrigações, em razão da constante necessidade de aprimoramento do Brasil frente às grandes economias mundiais que vendiam mercadorias no País.

As empresas de *armazéns-gerais* têm por finalidade a guarda e a conversação de mercadorias de terceiros, onde são depositadas, para futura venda do produto por parte do depositante, sendo que na maioria das vezes tal depósito se dá por tempo determinado. Essas empresas de armazéns-gerais são conhecidas no mundo todo e, regra geral, se estabelecem nas cercanias de portos e aeroportos, ou gares, de onde chegam e partem grandes quantidades de mercadorias. Assim, os depósitos das mercadorias passam a representar exatamente a entrega das mercadorias.

Os depósitos de mercadorias são contratos onerosos para as partes, eis que o acesso dos negociantes e o vai e vem das mercadorias ficam mais acessíveis, sendo, portanto, justa a remuneração daquele que recebe as mercadorias para depositá-las em seus armazéns.

Há uma obrigação de restituir os bens depositados, sendo que se fala em *depósito regular*, quando deverá ser restituída mercadoria certa e específica, ou *depósito irregular*, quando devam ser restituídas coisas fungíveis, apenas pela sua espécie, quantidade e qualidade, especificadas no título de crédito representativo.

O depósito dessas mercadorias é atestado pelo preenchimento de dois títulos unidos, mas que poderão ser separados à vontade, com os quais se poderá vender as mercadorias depositadas ou constituir penhor

interno não infringe os preceitos da presente Lei, ordenará a matrícula do pretendente no Registro do Comércio e, dentro do prazo de 1 (um) mês, contado do dia desta matrícula, fará publicar, por edital, as declarações, o regulamento interno e a tarifa. § 2º. Arquivado na Secretaria da Junta Comercial um exemplar das folhas em que se fizer a publicação, o empresário assinará termo de responsabilidade, como fiel depositário dos gêneros e mercadorias que receber, e só depois de preenchida esta formalidade, que se fará conhecida de terceiros por novo edital da Junta, poderão ser iniciados os serviços e operações que constituem objeto da empresa. § 3º. As alterações ao regimento interno e à tarifa entrarão em vigor 30 (trinta) dias depois da publicação, por edital, da Junta Comercial, e não se aplicarão aos depósitos realizados até a véspera do dia em que elas entrarem em vigor, salvo se trouxerem vantagens ou benefícios aos depositantes. § 4º. Os administradores dos armazéns-gerais, quando não forem os próprios empresários, os fiéis e outros prepostos, antes de entrarem em exercício, receberão do proponente uma nomeação escrita, que farão inscrever no Registro do Comércio (Código Comercial, arts. 74 e 10, n. 2). § 5º. Não poderão ser empresários, administradores ou fiéis de armazéns-gerais os que tiverem sofrido condenação pelos crimes de falência culposa ou fraudulenta, estelionato, abuso de confiança, falsidade, roubo ou furto. § 6º. As publicações a que se refere este artigo devem ser feitas no *Diário Oficial da União* ou *do Estado* e no jornal de maior circulação da sede dos armazéns-gerais, e à custa do interessado."

sobre as mesmas, de acordo com a vontade do depositante. Tais títulos representativos são chamados de *conhecimento de depósito* e *warrant*.

Eles nascem juntos, preenchidos no mesmo momento, isto é, são emitidos em conjunto, não podendo ser preenchido apenas um lado (conhecimento de depósito) e não preenchido o outro lado (*warrant*), sob pena de nulidade absoluta e não conhecimento do título de crédito impróprio, eis que representativo do depósito. São considerados títulos "xifópagos", pois são ligados no nascimento, mas podem ser separados ao longo de sua existência.

Em realidade, não obstante tenham nascido juntos, o conhecimento de depósito e o *warrant* têm *finalidades distintas*.

O conhecimento de depósito atesta que a mercadoria existe e foi depositada em uma empresa de armazém-geral, ao passo que o *warrant* serve para a finalidade de constituir penhor sobre tal mercadoria. Dito de outra forma: quem detém o conhecimento de depósito é considerado o proprietário das mercadorias, ao passo que o detentor do *warrant* é considerado credor de determinado valor, sendo que as mercadorias representam a garantia.

Importante asseverar que esse penhor é considerado especial, eis que não há a tradição da coisa para o credor, *ex vi* do art. 1.431, *caput*, do CC.

1.1 Do endosso do "*warrant*"

O primeiro endosso do warrant é o mais importante, pois ele representa o mesmo que a emissão de uma nota promissória e a principal garantia das mercadorias, pois são estas garantidas somente pelo primeiro endosso, nas palavras de Carvalho de Mendonça.[4] Já, os demais endossos representarão garantia solidária de pagamento, decorrentes da simples transferência do crédito neles representado. Trata-se, pois, do primeiro endossante, do verdadeiro emitente do título, pois coloca as mercadorias depositadas em penhor, ficando ele – primeiro endossante – como devedor principal da obrigação, uma vez que é ele quem faz a promessa de pagamento.

O primeiro endosso tem a finalidade de declarar o valor da dívida assumida, a pessoa que a assumiu, o prazo de pagamento e a taxa de juros cobrada. Pode ser endosso em branco ou em preto, mas sempre

---

4. J. X. Carvalho de Mendonça, *Tratado de Direito Comercial Brasileiro*, 7ª ed., vol. 5, p. 649.

atestará a existência de uma dívida do endossante, ficando as mercadorias em penhor.

1.2 Do endosso do conhecimento de depósito

O endosso do conhecimento de depósito faz com que a mercadoria depositada seja transferida a terceiro. Caso o *warrant* não esteja anexado, o novo titular do conhecimento de depósito saberá que está adquirindo mercadoria gravada com penhor, sendo certo que nesse caso terá ele, o novo adquirente, a incumbência de solver o débito do *warrant* se e quando cobrado, pois a dívida constante do *warrant* é garantia daquele que figurou como endossatário desse título de crédito.

A doutrina é controversa nesse sentido, sendo que Cesare Vivante e João Eunápio Borges, entre outros, entendem que a obrigação de pagar é decorrente da própria negociação do *warrant*, quando separado do conhecimento de depósito. De outro lado, Carvalho de Mendonça, secundado por Marlon Tomazette, Umberto Navarrini e outros, pensa que não há na lei obrigação de pagar advinda do endosso do conhecimento de depósito.

Entretanto, pensamos que com o endosso do conhecimento de depósito é natural que o endossatário tenha a obrigação de pagar os ajustes do *warrant*, mesmo porque aquele que adquire as mercadorias, não estando o *warrant* em mãos do endossante, tem plena ciência de que o título foi destacado para a finalidade específica de sua existência: a constituição de penhor.

Ora, se há ciência total da origem e do nascimento dessa modalidade de título de crédito, totalmente anômala em relação às demais, não há a menor possibilidade de o adquirente das mercadorias se furtar a tal responsabilização, mesmo porque não terá como receber as mercadorias sem o *warrant*, a não ser que faça a consignação do valor correspondente ao mesmo.

1.3 Do resgate das mercadorias/bens

De outro lado, como dissemos anteriormente, os títulos de crédito representativos – conhecimento de depósito e *warrant* – circulam livremente. Porém, para que alguém possa levar embora as mercadorias terá que reunir os dois títulos novamente, pagando os encargos decorrentes do penhor.

Por conta disso, em alguns Países o "duplo título" não ganhou o gosto popular, como relata Gierke, sendo que a Alemanha não aprovou a divisão.[5]

Embora circulem livremente, tanto o conhecimento de transporte como o *warrant* têm regras comuns, pois se trata de *títulos formais*, a saber:[6] são títulos à ordem, transferíveis por endosso; contêm sua própria designação (*conhecimento de depósito* ou *warrant*), com a designação da empresa de armazém-geral que os emitiu, o local da emissão, a profissão e domicílio do depositante ou de terceiro por ele indicado (a pessoa que levou o bem para o depósito), o lugar e o prazo do depósito, a natureza e a quantidade de bens (ou mercadorias) depositados. No caso de serem coisas fungíveis, a qualidade das mesmas. Em ambos os títulos haverá a indicação do segurador e do valor do seguro, a declaração dos impostos e dos direitos fiscais, bem como os encargos e despesas com o depósito, especificando o dia em que começam a correr os valores relativos ao depósito. Finalmente, a data da emissão do título e a assinatura do empresário depositário.

Não obstante o fato de ser obrigatória a apresentação dos dois títulos perante a empresa depositária, há a possibilidade de o portador do conhecimento de depósito retirar a mercadoria sem a apresentação do *warrant*. Nesse caso, todavia, o retirante terá que efetuar o depósito do valor das mercadorias, a fim de que o portador do *warrant* posteriormente possa retirar a quantia a que tem direito.

O que ocorre normalmente é que o novo titular do conhecimento de depósito conheça quem é o primeiro endossante do *warrant* e com ele combine o valor a ser pago posteriormente, quando da apresentação do *warrant*. Assim, efetua o desconto desse valor perante o depositário.

Porém, isto é uma questão prática, sem legislação específica sobre o assunto. E na atualidade, com a rapidez com que as notícias são veiculadas, o uso constante da Internet em todos os setores, fica muito menos burocrático e muito mais rápido o acesso às informações sobre o atual endossatário do *warrant*.

1.4 Inadimplência do "warrant"

Como já asseverado, o *warrant* é um penhor sobre as mercadorias depositadas num armazém-geral, constituído por meio de um direito real

---

5. Julius von Gierke, *Derecho Comercial y de la Navegación*, p. 209.
6. Art. 15 do Decreto 1.102/1903.

de garantia, visando a um pagamento futuro, com juros e taxas previamente combinados.

No caso de inadimplência, inicialmente o portador do *warrant* deverá, *obrigatoriamente*, levar o título *a protesto*, logo no primeiro dia após o vencimento do título, visando à comprovação da constituição em mora.

De posse do instrumento do protesto e do título, o portador do *warrant* tem o direito de vender as mercadorias nele especificadas, por meio de corretor ou leiloeiro que ele livremente escolher, independentemente de autorização judicial, no prazo máximo de 10 dias, contados do instrumento do protesto, nos termos do art. 23, *caput*, do Decreto 1.102/1903.[7]

Igualmente, o primeiro endossante do *warrant* que pagar o penhor tem esse direito, nos termos do art. 23, § 2º, do mesmo decreto.

Efetuada a venda, o valor será entregue ao depositário (armazém-geral), que entregará a mercadoria ao adquirente. Do produto da venda descontar-se-ão, especificamente nessa ordem: os tributos, as despesas

---

7. Decreto 1.102/1903: "Art. 23. O portador do *warrant* que, no dia do vencimento, não for pago, e que não achar consignada no armazém-geral a importância do seu crédito e juros (art. 22), deverá interpor o respectivo protesto nos prazos e pela forma aplicáveis ao protesto das letras de câmbio, no caso de não pagamento. O oficial dos protestos entregará ao protestante o respectivo instrumento, dentro do prazo de 3 (três) dias, sob pena de responsabilidade e de satisfazer perdas e danos. § 1º. O portador do *warrant* fará vender em leilão, por intermédio do corretor, ou leiloeiro, que escolher as mercadorias especificadas no título, independente de formalidades judiciais. § 2º. Igual direito de venda cabe ao primeiro endossador que pagar a dívida do *warrant*, sem que seja necessário constituir em mora os endossadores do conhecimento de depósito. § 3º. O corretor ou leiloeiro, encarregado da venda, depois de avisar o administrador do armazém-geral ou o chefe da competente repartição federal, anunciará pela imprensa o leilão, com antecedência de 4 (quatro) dias, especificando as mercadorias conforme as declarações do *warrant* e declarando o dia e hora da venda, as condições dessa e o lugar onde podem ser examinadas aquelas mercadorias. O agente da venda conformar-se-á em tudo com as disposições do regulamento interno dos armazéns e das salas de vendas públicas ou com as instruções oficiais, tratando-se de repartição federal. § 4º. Se o arrematante não pagar o preço da venda aplicar-se-á a disposição do art. 28, § 6º. § 5º. A perda ou extravio do conhecimento de depósito (art. 27, § 1º), a falência, os meios preventivos de sua declaração e a morte do devedor não suspendem nem interrompem a venda anunciada. § 6º. O devedor poderá evitar a venda até o momento de ser a mercadoria adjudicada ao que maior lanço oferecer, pagando imediatamente a dívida do *warrant*, os impostos fiscais, despesas devidas ao armazém e todas as mais a que a execução deu lugar, inclusive custas do protesto, comissões do corretor ou agente de leilões e juros da mora. § 7º. O portador do *warrant* que, em tempo útil, não interpuser o protesto por falta de pagamento, ou que, dentro de 10 (dez) dias, contados da data do instrumento do protesto, não promover a venda da mercadoria, conservará tão somente ação contra o primeiro endossador do *warrant* e contra os endossadores do conhecimento de depósito."

da venda e as despesas do depósito. O saldo será entregue ao portador do *warrant*, observado o valor que lhe couber, assim estabelecidos o valor do título, juros, despesas de protesto, contratação de leiloeiro e/ou corretor etc.

Havendo, ainda, saldo, será depositado a favor do titular do conhecimento de depósito, o qual receberá tal valor ou, na hipótese de não existir reclamação da quantia depositada, deverá a empresa de armazém--geral efetuar o depósito dos valores em juízo, à disposição daqueles que se dizem credores, e, desde que provem essa condição, poderão levantar tais valores.

Se mesmo assim o portador do *warrant* não ficar integralmente satisfeito, caberá ação contra os demais devedores do *warrant*, subscritores dos demais endossos.

O prazo prescricional é de três anos, contados da data da venda, contra o primeiro endossante; quanto aos demais, o prazo é de um ano, nos termos gerais das letras de câmbio e notas promissórias.

De outro lado, nos termos do art. 23, § 7º, do Decreto 1.102/1903, no caso de o portador do *warrant* não levar o mesmo a protesto dentro do prazo ou não promover a venda extrajudicial das mercadorias depositadas, este somente terá ação contra o primeiro endossante do *warrant* e contra os endossadores do conhecimento de depósito.

Tal norma legal causa grande perplexidade na doutrina, sendo que Darcy Arruda Miranda Jr. e Sampaio de Lacerda afirmam tratar-se de *dívida pessoal* de todos os endossantes e do portador do conhecimento de depósito. De outro lado, João Eunápio Borges, Luigi Lordi, Umberto Navarrini e Marlon Tomazette entendem que a responsabilidade é apenas do último endossatário do conhecimento de depósito, pois a responsabilidade não é pessoal, mas, sim, em decorrência da propriedade das mercadorias.

Afirmam, nesse sentido, que a responsabilidade se restringe aos bens dados em garantia, jamais podendo ultrapassar esse valor, sendo que nesse caso somente poderiam ser executados os bens depositados, que garantem todo contrato desse tipo de título de crédito específico.

Efetivamente, entendemos que o valor a ser buscado é aquele constante dos depósitos, jamais ultrapassando o ali estipulado, auferido com o produto da venda, sob pena de beneficiar a especulação em detrimento da produção. Se alguém adquire o *warrant* e estipula valores extorsivos, contra os praticados no mercado, efetivamente terá lucros astronômicos, em detrimento dos demais. Se se conluiasse com o endossante, então, teriam meios de exigir o pagamento dos valores extorsivos, contrariando toda a sistemática desses títulos de crédito.

1.5 Extravio ou destruição dos títulos

O Decreto 1.102/1903 cuidou de resguardar os interesses dos titulares dos créditos caso ocorra extravio e/ou destruição dos títulos, nos termos do art. 27, especificando detalhadamente cada caso, de acordo com a natureza do título.

Será necessário publicar aviso em jornal de ampla circulação, na sede do armazém, por três dias. Com cópia dessa publicação se poderá ajuizar ação na sede do juízo do armazém-geral, visando à reconstituição do título.

Por ser de fácil intelecção, basta o interessado seguir exatamente os trâmites do art. 27.[8]

8. Decreto 1.102/1903: "Art. 27. Aquele que perder o título avisará ao armazém-geral e anunciará o fato durante 3 (três) dias, pelo jornal de maior circulação da sede daquele armazém. § 1º. Se se tratar do conhecimento de depósito e correspondente *warrant*, ou só do primeiro, o interessado poderá obter duplicata ou a entrega da mercadoria, garantido o direito do portador do *warrant*, se este foi negociado, ou do saldo à sua disposição, se a mercadoria foi vendida, observando-se o processo do § 2º, que correrá perante o juiz do comércio em cuja jurisdição se achar o armazém-geral. § 2º. O interessado requererá a notificação do armazém-geral para não entregar, sem ordem judicial, a mercadoria ou saldo disponível no caso de ser ou de ter sido ela vendida na conformidade dos arts. 10, § 4º, e 23, § 1º, e justificará sumariamente a sua propriedade. O requerimento deve ser instruído com um exemplar do jornal em que for anunciada perda e com a cópia fiel do talão do título perdido, fornecida pelo armazém-geral, e por este autenticada. O armazém-geral terá ciência do dia e da hora da justificação, e para esta, se o *warrant* foi negociado e ainda não voltou ao armazém-geral, será citado o endossatário desse título, cujo nome devia constar do correspondente conhecimento do depósito perdido (art. 19, segunda parte). O juiz, na sentença que julgar procedente a justificação, mandará publicar editais com o prazo de 30 (trinta) dias para reclamações. Estes editais produzirão todas as declarações constantes do talão do título perdido e serão publicados no *Diário Oficial* e no jornal onde o interessado anunciou a referida perda e afixados na porta do armazém e na sala de vendas públicas. Não havendo reclamação, o juiz expedirá mandado conforme o requerido ao armazém-geral ou depositário. Sendo ordenada a duplicata, dela constará esta circunstância. Se, porém, aparecer reclamação, o juiz marcará o prazo de 10 (dez) dias para prova, e, findos estes, arrazoando o embargante e o embargado em 5 (cinco) dias cada um, julgará afinal com apelação sem efeito suspensivo. Estes prazos serão improrrogáveis e fatais e correrão em cartório, independente de lançamento em audiência. § 3º. No caso de perda do *warrant*, o interessado, que provar a sua propriedade, tem o direito de receber a importância do crédito garantido. Observar-se-á o mesmo processo do § 2º com as seguintes modificações: a) para justificação sumária, serão citados o primeiro endossador e outros que forem conhecidos. O armazém será avisado do dia e hora da justificação, e notificado judicialmente da perda do título; b) o mandado judicial de pagamento será

Assim, ao perder o título, deverá avisar ao armazém-geral e publicará o fato durante três dias no jornal de maior circulação da sede daquele armazém.

Quando se tratar do *conhecimento de depósito* e *warrant*, ou só do primeiro, deverá seguir o § 1º, podendo obter *duplicata* ou a entrega da mercadoria, garantido o direito do portador do *warrant*, caso este tenha sido negociado, ou o saldo à sua disposição, se a mercadoria foi vendida, observando-se o processo do § 2º, que correrá perante o juiz do comércio em cuja jurisdição se achar o armazém-geral.

Com base no § 2º, o interessado deverá notificar o armazém-geral para não entregar sem ordem judicial a mercadoria ou o saldo disponível no caso de ter sido ela vendida, na conformidade dos arts. 10, § 4º, e 23, § 1º, e justificará sumariamente sua propriedade com um exemplar do jornal em que anunciada a perda e com a cópia fiel do talão do título perdido, fornecida pelo armazém-geral e por este autenticada.

O armazém-geral terá ciência do dia e da hora da justificação, e para esta, se o *warrant* foi negociado e ainda não voltou ao armazém-geral, será citado o endossatário desse título, cujo nome devia constar do correspondente conhecimento de depósito perdido (art. 19, segunda parte).

O juiz, na sentença que julgar procedente a justificação, mandará publicar editais com o prazo de 30 dias para reclamações, sendo que a própria lei diz que os editais reproduzirão todas as declarações constantes do talão do título perdido e serão publicados no *Diário Oficial* e no jornal onde o interessado anunciou a referida perda e afixados na porta do armazém e na sala de vendas públicas.

Não havendo reclamação, o juiz expedirá mandado conforme o requerido ao armazém-geral ou depositário. Nesse caso, sendo ordenada a duplicata, dela constará esta circunstância.

Se, porém, aparecer reclamação, o juiz marcará o prazo de 10 dias para prova; e, findos estes, arrazoando o embargante e o embargado em 5 dias cada um, julgará afinal com apelação sem efeito suspensivo.

expedido contra o primeiro endossador ou contra quem tiver em consignação ou depósito a importância correspondente à dívida do *warrant*. O referido mandado, se a dívida não está vencida, será apresentado àquele primeiro endossador no dia do vencimento, sendo aplicável a disposição do art. 23 no caso de não pagamento. § 4º. Cessa a responsabilidade do armazém-geral e do devedor quando, em virtude de ordem judicial, emitir duplicata ou entregar a mercadoria ou o saldo em seu poder ou pagar a dívida. O prejudicado terá ação somente contra quem indevidamente dispôs da mercadoria ou embolsou a quantia. § 5º. O que fica disposto sobre perda do título aplica-se aos casos de roubo, furto, extravio ou destruição."

Estes prazos serão improrrogáveis e fatais e correrão em cartório, independente de lançamento em audiência.

Quando se tratar de perda do *warrant*, nos termos do § 3º, o interessado que provar sua propriedade tem o direito de receber a importância do crédito garantido, seguindo-se o disposto no § 2º, com as modificações das alíneas "a" e "b" do referido § 3º. Caso a dívida não esteja vencida, será apresentado àquele primeiro endossador no dia do vencimento, sendo aplicável a disposição do art. 23 no caso de não pagamento.

Na forma do § 4º, a responsabilidade do armazém-geral e do devedor cessa quando, em virtude de ordem judicial, emitir duplicata ou entregar a mercadoria ou o saldo em seu poder ou pagar a dívida. O prejudicado terá ação somente contra quem indevidamente dispôs da mercadoria ou embolsou a quantia.

2. Conhecimento de depósito agropecuário e *"warrant"* agropecuário

Atendendo à necessidade e à pressão dos produtores agropecuários, foi editada a Lei 9.973/2000,[9] permitindo que os próprios produtores passassem a armazenar suas produções – e de outros – em armazéns próprios, visando à descentralização dos armazéns, ao aumento da competitividade e, principalmente, à derrubada de monopólios, sendo essa faculdade extensiva também às cooperativas, bastando para tanto que tais armazéns de produtos agropecuários sejam certificados pelo Ministério da Agricultura.[10] Tal norma foi complementada pelos arts. 16 e 17 do Decreto 3.855/2001.[11]

---

9. Lei 9.973/2000: "Art. 1º. As atividades de armazenagem de produtos agropecuários, seus derivados, subprodutos e resíduos de valor econômico ficam sujeitas às disposições desta Lei".

10. "Art. 2º. O Ministério da Agricultura e do Abastecimento criará sistema de certificação, estabelecendo condições técnicas e operacionais, assim como a documentação pertinente, para qualificação dos armazéns destinados à atividade de guarda e conservação de produtos agropecuários.

"Parágrafo único. Serão arquivados na Junta Comercial o termo de nomeação de fiel e o regulamento interno do armazém."

11. Decreto 3.855/2001: "Art. 16. Fica instituído, no âmbito do Ministério da Agricultura e do Abastecimento, o Sistema Nacional de Certificação de Unidades Armazenadoras, por intermédio do qual serão estabelecidas as condições técnicas e operacionais para a qualificação dos armazéns destinados à guarda e conservação de produtos agropecuários. § 1º. O sistema de que trata o *caput* será desenvolvido de acordo com as regras e os procedimentos do Sistema Brasileiro de Certificação, com a participação dos segmentos representativos da atividade, e deverá dispor sobre as condições e a documen-

Os produtos ali armazenados tanto podem ser agrícolas como pecuários, bem como seus subprodutos (bagaços, ossos, farelos etc.).

Disso resultou a criação de um novo título de crédito representativo, estabelecido pela Lei 11.076, de 30.12.2004,[12] proveniente dos novos contratos de depósitos agropecuários, visando à substituição dos antigos títulos regidos pelo Decreto 1.102/1903.

Aliás, grandes mudanças foram introduzidas logo no início da vigência da lei quanto à circulação e à responsabilização pela emissão dos títulos de crédito, *in verbis*:

> Art. 2º. Aplicam-se ao CDA e ao WA as normas de direito cambial no que forem cabíveis e o seguinte: I – os endossos devem ser completos; II – os endossantes não respondem pela entrega do produto, mas, tão somente, pela existência da obrigação; III – é dispensado o protesto cambial para assegurar o direito de regresso contra endossantes e avalistas.

Outra modificação substancial está no fato de que o conhecimento de depósito agropecuário e o *warrant* agropecuário são facultativos, e não obrigatórios, pois deverá o depositante solicitar ao depositário a emissão do conhecimento de depósito agropecuário e do *warrant* agropecuário, como se vê do disposto nos arts. 6º e 7º da Lei 11.076/2004:

> Art. 6º. A solicitação de emissão do CDA e do WA será feita pelo depositante ao depositário. § 1º. Na solicitação, o depositante: I – declarará, sob as penas da lei, que o produto é de sua propriedade e está livre e desembaraçado de quaisquer ônus; II – outorgará, em caráter irrevogá-

---

tação exigíveis dos interessados. § 2º. É obrigatória, nos termos e prazos que a regulamentação estabelecer, a certificação das unidades que prestem serviços remunerados de armazenagem de produtos a terceiros, inclusive dos estoques públicos. § 3º. O Ministério da Agricultura e do Abastecimento poderá tornar obrigatória a certificação de outras unidades armazenadoras, além das hipóteses previstas neste Decreto.
"Art. 17. As unidades armazenadoras não certificadas na forma prevista neste Decreto não poderão ser utilizadas para a guarda e conservação de produtos agropecuários objeto de financiamento à estocagem com recursos do Tesouro Nacional."
12. Lei 11.076/2004: "Art. 1º. Ficam instituídos o Certificado de Depósito Agropecuário – CDA e o *Warrant* Agropecuário – WA. § 1º. O CDA é título de crédito representativo de promessa de entrega de produtos agropecuários, seus derivados, subprodutos e resíduos de valor econômico, depositados em conformidade com a Lei n. 9.973, de 29 de maio de 2000. § 2º. O WA é título de crédito representativo de promessa de pagamento em dinheiro que confere direito de penhor sobre o CDA correspondente, assim como sobre o produto nele descrito. § 3º. O CDA e o WA são títulos unidos, emitidos simultaneamente pelo depositário, a pedido do depositante, podendo ser transmitidos unidos ou separadamente, mediante endosso. § 4º. O CDA e o WA são títulos executivos extrajudiciais."

vel, poderes ao depositário para transferir a propriedade do produto ao endossatário do CDA. § 2º. Os documentos mencionados no § 1º deste artigo serão arquivados pelo depositário junto com as segundas vias do CDA e do WA. § 3º. Emitidos o CDA e o WA, fica dispensada a entrega de recibo de depósito.

Art. 7º. É facultada a formalização do contrato de depósito, nos termos do art. 3º da Lei n. 9.973, de 29 de maio de 2000, quando forem emitidos o CDA e o WA.

No mais, a legislação sobre depósitos agropecuários e *warrant* agropecuário segue os mesmos caminhos daquilo que tanto a doutrina como a jurisprudência vinham consagrando ao longo dos anos, sendo que agora, expressamente, são consignados os direitos e deveres de cada qual, como se vê do art. 8º da Lei 11.076/2004:

Art. 8º. O CDA e o WA serão emitidos em, no mínimo, duas vias, com as seguintes destinações: I – primeiras vias, ao depositante; II – segundas vias, ao depositário, nas quais constarão os recibos de entrega dos originais ao depositante. Parágrafo único. Os títulos terão numeração sequencial, idêntica em ambos os documentos, em série única, vedada a subsérie.

Não haveria necessidade de ser expresso, mas o legislador preferiu ressaltar que o depositário/emitente do conhecimento de depósito agropecuário e do *warrant* agropecuário é o responsável civil, administrativo e penal, conforme disposto no art. 9º da Lei 11.076/2004,[13] ficando, ainda, responsável pela conservação e guarda integral dos produtos depositados, nos termos do art. 11.[14] Por sinal, muita gente – inclusive doutrinadores – nem sequer conhece o disposto no art. 14 da referida lei – que prevê que aquele que emitir conhecimento de depósito agropecuário conhecimento de depósito agropecuário e *warrant* agropecuário em desacordo com as disposições legais incorre na pena prevista no art. 178 do CP –, o que mostra o total despreparo em relação ao conteúdo de suas matérias.

Visando à rápida comercialização dos produtos depositados bem como à identificação dos mesmos de maneira mais eficiente, o deposi-

13. Lei 11.076/2004: "Art. 9º. O depositário que emitir o CDA e o WA é responsável, civil e criminalmente, inclusive perante terceiros, pelas irregularidades e inexatidões neles lançadas".
14. Lei 11.076/2004: "Art. 11. O depositário assume a obrigação de guardar, conservar, manter a qualidade e a quantidade do produto recebido em depósito e de entregá-lo ao credor na quantidade e qualidade consignadas no CDA e no WA".

tante pode pleitear junto ao depositário que o produto seja depositado em tantas partes quantas forem suficientes, usando o legislador a expressão "lotes" no art. 10 da Lei 11.076/2004.

Há proteção especial para os bens objeto de depósito após a emissão do conhecimento de depósito agropecuário e do *warrant* agropecuário, qual seja: pelo art. 12,[15] não é permitido qualquer embaraço à sua livre e plena disposição, impedindo expressamente o embargo, a penhora ou o sequestro – todos eles utilizados de maneira genérica. A razão precípua de tal situação está no fato de que os bens depositados não fiquem *ad aeternum* nos armazéns enquanto se discutem questões que não dizem respeito nem ao título de crédito e nem ao depositário – sendo feliz a iniciativa, mesmo porque o prazo máximo de depósito é de até um ano, a teor do disposto no art. 13. Aliena-se o produto, ficando depositado o valor para o vencedor de demanda.

O conhecimento de depósito agropecuário e o *warrant* agropecuário *warrant* agropecuário são livremente negociados nos mercados de Bolsa e balcões como ativos financeiros, mas dependem de obrigatório registro junto aos sistemas de liquidação financeira autorizados pelo BACEN, nos termos do art. 15 da Lei 11.076/2004.

Como os adquirentes do *warrant* agropecuário e do conhecimento de depósito agropecuário adquirem títulos de crédito representativos, podem voltar a negociar com os mesmos livremente, nos termos do art. 17 e seus §§ e incisos da Lei 11.076/2004.[16]

---

15. Lei 11.076/2004: "Art. 12. Emitidos o CDA e o WA, o produto a que se referem não poderá sofrer embargo, penhora, sequestro ou qualquer outro embaraço que prejudique a sua livre e plena disposição".

16. Lei 11.076/2004: "Art. 17. Quando da primeira negociação do WA separado do CDA, a entidade registradora consignará em seus registros o valor da negociação do WA, a taxa de juros e a data de vencimento ou, ainda, o valor a ser pago no vencimento ou o indicador que será utilizado para o cálculo do valor da dívida. § 1º. Os registros dos negócios realizados com o CDA e com o WA, unidos ou separados, serão atualizados eletronicamente pela entidade registradora autorizada. § 2º. Se, na data de vencimento do WA, o CDA e o WA não estiverem em nome do mesmo credor e o credor do CDA não houver consignado o valor da dívida, na forma do inciso II do § 1º do art. 21 desta Lei, o titular do WA poderá, a seu critério, promover a execução do penhor sobre: I – o produto, mediante sua venda em leilão a ser realizado em Bolsa de Mercadorias; ou II – o CDA correspondente, mediante a venda do título, em conjunto com o WA, em Bolsa de Mercadorias ou de Futuros, ou em mercado de balcão organizado. § 3º. Nas hipóteses referidas nos incisos I e II do § 2º deste artigo, o produto da venda da mercadoria ou dos títulos, conforme o caso, será utilizado para pagamento imediato do crédito representado pelo WA ao seu respectivo titular na data do vencimento, devendo o saldo remanescente ser entregue ao titular do CDA, após debitadas as despesas comprovadamente incorridas com a realização do leilão da mercadoria ou dos títulos. § 4º. O adquirente dos títulos no

3. Conhecimento de transporte

O conhecimento de transporte passa por verdadeiro "trauma" sobre a vigência ou não do decreto que regulamentou o transporte de mercadorias por vias terrestres, marítimas ou aéreas no Brasil – Decreto 19.473, de 10.12.1930, da época de Getúlio Vargas, alterado pelo Decreto 16.754, de 18.3.1931 –, eis que posteriormente, já na vigência da redemocratização brasileira, em 25.4.1991, foi editado outro decreto, este inferior hierarquicamente àquele, que o teria revogado.

Porém, como o Decreto 19.473 foi editado na época em que vigorava o Governo Provisório de Getúlio Vargas, o mesmo tem o *status* de lei, ao passo que o Decreto de 25.4.1991 não contém tal força, sendo meramente regulamentador. Razão pela qual a vigência daquele decreto de 1930 está em pleno vigor, sendo que os defensores de sua revogação, *data venia*, estão completamente equivocados em relação à hierarquia das lei no Brasil.

Trata-se, em realidade, de outro título de crédito representativo, chamado de *conhecimento de transporte* ou *conhecimento de frete*, que assume papel de extrema importância no cenário empresarial, em face da diária movimentação de cargas, pouco importando o tipo de transporte por que é feito, se *modal* (somente um meio de transporte) ou *multimodal* (vários meios de transporte).[17]

Deixaremos de lado, por ora, o transporte de pessoas, fixando-nos exclusivamente no transporte de mercadorias – lembrando que esse meio é o mais complexo e mais dinâmico utilizado em todo o mundo, mormente tratando-se de transporte de mercadorias negociadas, por vezes, por meio eletrônico.

Nos dizeres de Arnaldo Rizzardo, tal título de crédito representativo é fruto, regra geral, de um *contrato consensual* entre duas ou mais partes; na grande maioria das vezes *bilateral* (não obstante possa ser unilateral); *oneroso*, não obstante se possa transportar bens gratuitamente – o

---

leilão poderá colocá-los novamente em circulação, observando-se o disposto no *caput* deste artigo, no caso de negociação do WA separado do CDA."

17. Decreto 19.473/1930: "Art. 1º. O conhecimento de frete original, emitido por empresas de transporte por água, terra ou ar, prova o recebimento da mercadoria e a obrigação de entregá-la no lugar do destino. Reputa-se não escrita qualquer cláusula restritiva, ou modificativa, dessa prova, ou obrigação. É título à ordem; salvo cláusula ao portador, lançada no contexto. Parágrafo único. Considera-se original o conhecimento do qual não constar a declaração de segunda, ou outra via. Tais vias não podem circular, sendo emitidas somente para efeitos em face da empresa emissora."

que é exceção; de *duração certa*; sendo que por diversas vezes se dá de maneira adesiva (*contrato de adesão* – eis que determinada empresa domina o mercado e exige preço e forma de pagamento daqueles que aderem ao contrato, sem discussões); *comutativo* e *não solene*.[18]

O conhecimento de transporte faz-se necessário por força do aludido Decreto 19.473/1930, sendo que seus *requisitos* são específicos e se encontram detalhadamente descritos no art. 2º.[19]

Pouco importante é saber qual é o tipo de mercadoria ou qual é a maneira como a mesma foi transportada, pois haverá sempre, sem exceções, necessidade de plena descrição dos bens que foram colocados no transporte, sendo que o conhecimento é uma parte da negociação de um título de crédito.

Na forma do art. 3º do Decreto 19.473/1930, o conhecimento é nominativo e transferível por endosso, autoexplicativo.[20]

---

18. Arnaldo Rizzardo, *Contratos*, 7ª ed., pp. 790-791.
19. Decreto 19.473/1930: "Art. 2º. O conhecimento de frete deve conter: I – o nome, ou denominação da empresa emissora; II – o número de ordem; III – a data, com indicação de dia, mês e ano; IV – os nomes do remetente e do consignatário, por extenso. O remetente pode designar-se como consignatário, e a indicação deste substituir-se pela cláusula ao portador. Será ao portador o conhecimento que não contiver a indicação do consignatário; V – o lugar da partida e o destino. Faltando a indicação do lugar da partida, entende-se ser este o mesmo da emissão; VI – a espécie e a quantidade ou peso da mercadoria, bem como as marcas, os sinais exteriores dos volumes de embalagem; VII – a importância do frete e o lugar e a forma de pagamento. A importância será declarada por extenso e em algarismos, prevalecendo a primeira, em caso de divergência. Não indicada outra forma, o pagamento será a dinheiro de contado e por inteiro, no ato da entrega da mercadoria e no lugar do destino, se outro não tiver sido designado. A falta de pagamento de frete e despesas autoriza a retenção da mercadoria, à conta e risco de quem pertencer; VIII – a assinatura do empresário ou seu representante, abaixo do contexto. § 1º. O conhecimento de frete marítimo conterá os requisitos determinados pelo art. 575 do Código Comercial. § 2º. O teor do conhecimento pode ser, no todo ou em parte, manuscrito, datilografado, ou impresso; a assinatura do empresário, ou seu representante, deve, porem, ser autêntica. § 3º. O contexto incompleto, ou errado, pode ser completado, ou corrigido, mediante declaração escrita da empresa emissora, lançada no anverso do título e devidamente datada e assinada pelo empresário ou seu representante."
20. Decreto 19.473/1930: "Art. 3º. O conhecimento nominativo é transferível, sucessivamente, por endosso em preto, ou em branco, seguido da respectiva tradução. É em preto o endosso em que consta a indicação do nome, por extenso, do endossatário; em branco, aquele que o não contém. § 1º. O primeiro endossador deve ser o remetente, ou o consignatário. § 2º. O endosso em branco faz o título circular ao portador, até novo endosso. O portador pode preenchê-lo. § 3º. O último endossatário e detentor do conhecimento presume-se proprietário da mercadoria nele declarada (art. 2º, n. VII). A mera tradição manual transfere o conhecimento ao portador, ou endossado em branco, para o mesmo efeito."

Também é possível a inserção de cláusula de mandato, tornando o endossatário procurador do endossador, além de ser possível o substabelecimento, na forma do art. 4º.[21]

Quaisquer cláusulas condicionais ou modificativas não são aceitas, assim como o endosso parcial é considerado nulo de pleno direito, não produzindo quaisquer efeitos, na forma do art. 5º.[22]

Dessa maneira, todos os direitos e ações decorrentes do endosso e da transmissão do conhecimento são transferidas, e a ação para discussão a respeito do eventual direito seguirá o rito sumário, na forma do art. 6º e seu parágrafo único, não importando o valor do bem, mesmo porque deverá ser rapidamente solucionada a questão, sob pena de perecimento de direito.[23]

Com o conhecimento e depósito da mercadoria ao destinatário considera-se encerrado o contrato de transporte, devendo ser recolhido o conhecimento, na forma do art. 7º.[24]

Não havendo prova de má-fé, a tradição do conhecimento ao consignatário, ao endossatário ou ao portador não induz as medidas

---

21. Decreto 19.473/1930: "Art. 4º. A cláusula de mandato, inserta no teor do endosso em preto, faz o endossatário procurador do endossador, com todos os poderes gerais e especiais relativos ao título: salvo restrição expressa, constante do mesmo teor. O substabelecimento do mandato pode dar-se mediante novo endosso, de igual espécie. Parágrafo único. Lançada a cláusula de penhor ou garantia, o endossatário é credor pignoratício do endossador. Ele pode retirar a mercadoria, depositando-a, com a mesma cláusula, em armazém-geral, ou, se não, onde convier, de acordo com o endossador. Pode também exigir, a todo tempo, que o armazém-geral emita o respectivo conhecimento de depósito e o *warrant*, ficando aquele à livre disposição do dono da mercadoria, e este à do credor pignoratício para lhe ser entregue depois de devidamente endossado. A recusa do devedor pignoratício de endossar o *warrant* sujeita-o à multa de 10% (dez por cento) sobre o valor da mercadoria, a benefício do credor. Sobre a mercadoria, depositada com cláusula de penhor ou garantia, somente se expedirão esses títulos mediante assentimento do credor, que se não poderá opor em se lhe oferecendo o respectivo *warrant*."
22. Decreto 19.473/1930: "Art. 5º. O endosso deve ser puro e simples; reputam-se não escritas quaisquer cláusulas condicionais ou modificativas, não autorizadas em lei. O endosso parcial é nulo. O endosso cancelado considera-se anulado. Entretanto, é hábil para justificar a série das transmissões do título."
23. Decreto 19.473/1930: "Art. 6º. O endossatário nominativo e o portador do conhecimento ficam investidos nos direitos e obrigações do consignatário, em face da empresa emissora. O endossador responde pela legitimidade do conhecimento e existência da mercadoria, para com os endossatários posteriores, ou portadores. Parágrafo único. É sumaria a ação fundada no conhecimento de frete."
24. Decreto 19.473/1930: "Art. 7º. O remetente, consignatário, endossatário ou portador pode, exibindo o conhecimento, exigir o desembarque e a entrega da mercadoria em trânsito, pagando o frete por inteiro e as despesas extraordinárias a que der causa. Extingue-se então o contrato de transporte e recolhe-se o respectivo conhecimento. O endossatário em penhor ou garantia não goza dessa faculdade."

constritivas dos bens. Porém, existindo essa prova prévia, poderão ser constritos, na forma do art. 8º.²⁵

Em caso de perda ou extravio deverá ser realizada a justificação do fato na Comarca do destino das mercadorias, publicando-se editais e dando-se ciência ao Ministério Público local, comunicando-se imediatamente o setor empresarial respectivo, na forma do art. 9º, seguindo-se contraditório, com a inquirição necessária e julgamento célere, tudo isso visando ao não perecimento do direito sobre as coisas. Porém, em relação ao Ministério Público, na atualidade, somente haverá de atuar se houver interesse de menores ou incapazes ou, ainda, se se tratar de bem de massa falida.²⁶

4. Conhecimento de fretamento marítimo

O *contrato de fretamento marítimo* é aquele em que o fretador disponibiliza o navio, ou apenas parte do navio, para fins de navegação marítima, mediante o pagamento de um valor em espécie.

Esse contrato de fretamento (*freightment*) pode ser de três espécies: (a) a casco nu (*Bareboat Charpter Party/BCP*); (b) por viagem (*Voyage Charter/VCP*); (c) por tempo (*Time Charter/TCP*).

É possível também que a embarcação seja *subfretada*, isto é, pode ocorrer de o afretador principal ter transferido sua tarefa para outra pes-

---

25. Decreto 19.473/1930: "Art. 8º. A tradição do conhecimento ao consignatário, ao endossatário ou ao portador, exime a respectiva mercadoria de arresto, sequestro, penhora, arrecadação, ou qualquer outro embaraço judicial, por fato, dívida, falência, ou causa estranha ao próprio dono atual do título; salvo caso de má-fé provada. O conhecimento, porém, está sujeito a essas medidas judiciais, por causa que respeite ao respectivo dono atual. Neste caso a apreensão do conhecimento equivale à da mercadoria."

26. Decreto 19.473/1930: "Art. 9º. Em caso de perda, ou extravio, do conhecimento, o remetente, consignatário, endossatário ou portador, exibindo outra via ou certidão do título, fará, no foro da Comarca do lugar do destino, justificação do fato, com intimação do representante do Ministério Público, publicando-se, em seguida, editais na imprensa do lugar, em falta, na do mais próximo, e afixando-se como de costume, por 5 (cinco) dias. Onde houver Bolsa de Mercadorias e Câmara Sindical de Corretores, far-se-á público pregão e aviso afixado a quem interessar possa. Findo o prazo, aguardar-se-ão em cartório mais 48 (quarenta e oito) horas. Se não aparecer oposição, o juiz proferirá sentença, nas subsequentes 48 (quarenta e oito) horas, ordenando a expedição de mandado para entrega da mercadoria relativa ao conhecimento. § 1º. Havendo oposição, o juiz marcará o prazo de 5 (cinco) dias para a prova, que será comum a ambas as partes, arrazoando estas a final em 2 (dois) dias cada uma. Conclusos os autos, a sentença deve ser preferida em 5 (cinco) dias, ordenando ou denegando a entrega da mercadoria ao requerente ou ao oponente. Todos os prazos independem de assinação em audiência e correm em cartório. § 2º. Da sentença, quer tenha havido ou não oposição, cabe agravo de petição."

soa física ou jurídica, por meio de outro contrato de *fretamento*, sendo que nesse caso o primeiro afretador será considerado armador perante o segundo afretador, enquanto este responderá perante terceiros que com que ele contratarem.

Toda embarcação pode ser também alugada (*location*), arrendada (*tenancy* ou *rent contract*) ou objeto de *leasing* marítimo – exatamente como nas coisas móveis, que já estudamos no item 8.9 do vol. II desta coleção.

Os chamados *contratos de fretamento marítimo* estão dispostos nos arts. 566[27] *usque* 574 do CComercial, sendo que os mesmos são precedidos de vários requisitos legais, como as *cartas de partida*[28] e as *cartas de fretamento*,[29] que devem ser registradas antecipadamente à partida no Registro de Comércio, valendo como instrumento público.

27. CComercial: "Art. 566. O contrato de fretamento de qualquer embarcação, quer seja na sua totalidade ou em parte, para uma ou mais viagens, quer seja à carga, colheita ou prancha. O que tem lugar quando o capitão recebe carga de quanto se apresentam, deve provar-se por escrito. No primeiro caso o instrumento, que se chama carta-partida ou carta de fretamento, deve ser assinado pelo fretador e afretador, e por quaisquer outras pessoas que intervenham no contrato, do qual se dará a cada uma das partes um exemplar; e no segundo, o instrumento chama-se conhecimento, e basta ser assinado pelo capitão e o carregador. Entende-se por fretador o que dá, e por afretador o que toma a embarcação a frete".

28. CComercial: "Art. 567. A carta-partida deve enunciar: 1 – o nome do capitão e o do navio, o porte deste, a Nação a que pertence, e o porto do seu registro (art. 460); 2 – o nome do fretador e o do afretador, e seus respectivos domicílios; se o fretamento for por conta de terceiro deverá também declarar-se o seu nome e domicílio; 3 – a designação da viagem, se é redonda ou ao mês, para uma ou mais viagens, e se estas são de ida e volta ou somente para ida ou volta, e finalmente se a embarcação se freta no todo ou em parte; 4 – o gênero e quantidade da carga que o navio deve receber, designada por toneladas, números, peso ou volume, e por conta de quem a mesma será conduzida para bordo, e deste para terra; 5 – o tempo da carga e descarga, portos de escala quando a haja, as estadias e sobre-estadias ou demoras, e a forma por que estas se hão de vencer e contar; 6 – o preço do frete, quanto há de pagar-se de primagem ou gratificação, e de estadias e sobre estadias, e a forma, tempo e lugar do pagamento; 7 – se há lugares reservados no navio, além dos necessários para uso e acomodação do pessoal e material do serviço da embarcação; 8 – todas as mais estipulações em que as partes se acordarem".

29. CComercial: "Art. 568. As cartas de fretamento devem ser lançadas no Registro do Comércio, dentro de 15 (quinze) dias a contar da saída da embarcação nos lugares da residência dos Tribunais do Comércio, e nos outros, dentro do prazo que estes designarem (art. 31).

"Art. 569. A carta de fretamento valerá como instrumento público tendo sido feita por intervenção e com assinatura de algum corretor de navios, ou na falta de corretor por tabelião que porte por fé ter sido passada na sua presença e de duas testemunhas com ele assinadas. A carta de fretamento que não for autenticada por alguma das duas referidas formas obrigará as próprias partes mas não dará direito contra terceiro. As cartas de fretamento assinadas pelo capitão valem ainda que este tenha excedido as faculdades das

É obrigatório que o armador do navio apresente o mesmo em condições de navegabilidade e flutuabilidade antes de firmar o contrato.

Acertado o fretamento, passa-se à próxima fase, que é o depósito da mercadoria no navio, quando, então, é gerado o conhecimento de depósito marítimo, com todos os requisitos expressos do art. 575 do CComercial. Pelo art. 587 do mesmo Código, terá a força de uma escritura pública, sendo que o mesmo poderá ser passável à ordem, negociável por meio de endosso.[30]

Como se vê, há alguns requisitos que não seriam necessariamente obrigatórios mas, por imposição legal da época do Império, foram consignados, e estão até agora em vigor, eis que não alterados, como o nome do capitão, o nome do carregador e o porte do navio. Outros requisitos parecem-nos obrigatórios, como a quantidade e a qualidade dos objetos, suas marcas, números, assim como o lugar de partida e de destino, os valores de frete etc.

O contrato de fretamento é obrigação imposta às partes, com responsabilidades delineadas no campo interno ou internacional, de acordo com a forma como pactuada, sendo certo, por outro lado, que o desfazimento do contrato de fretamento só tem lugar nos estritos termos do art. 571 do CComercial.[31]

De outro lado, costuma-se designar a *compra e venda marítima* como sendo a denominação tradicional a que se refere a presente negociação por meio de transporte marítimo, ao passo que a *compra e venda à distância* não faz referência ao presente meio de transporte, mas a qualquer outro. Porém, é certo que existe ambiguidade nesses termos, mesmo porque havendo negociação entre localidades distintas também

---

suas instruções; salvo o direito dos donos do navio por perdas e danos contra ele pelos abusos que cometer."

30. CComercial: "Art. 587. O conhecimento feito em forma regular (art. 575) tem força e é acionável como escritura pública. Sendo passado à ordem é transferível e negociável por via de endosso".

31. CComercial: "Art. 571. Dissolve-se o contrato de fretamento, sem que haja lugar a exigência alguma de parte a parte: 1 – se a saída da embarcação for impelida, antes da partida, por força maior sem limitação de tempo; 2 – sobrevindo, antes de principiada a viagem, declaração de guerra, ou interdito de comércio com o País para onde a embarcação é destinada, em consequência do qual o navio e a carga conjuntamente não sejam considerados como propriedade neutra; 3 – proibição de exportação de todas ou da maior parte das fazendas compreendidas na carta de fretamento do lugar donde a embarcação deva partir, ou de importação no seu destino; 4 – declaração de bloqueio do porto da carga ou do seu destino, antes da partida do navio. Em todos os referidos casos as despesas da descarga serão por conta do afretador ou carregadores."

é considerada à distância, o que torna a situação sujeita a confusões nas suas interpretações.

Distinguem-se tais vendas e compras das chamadas *compras e vendas internacionais* quando uma das partes possua *residência habitual* num Estado e o estabelecimento se encontre em outro espaço territorial.

Importante asseverar, por oportuno, que aquilo que foi tratado sobre o seguro e o frete, quando tratamos dos usos e costumes mercantis, aplica-se aos contratos marítimos integralmente.

5. Conhecimento de fretamento aéreo

Quando uma carga é transportada por via aérea há um contrato entre a empresa transportadora, que se compromete a levar a carga até um ponto de destino, e a pessoa, física ou jurídica, que depositou sua confiança na companhia transportadora, sendo esta chamada apenas de *expedidor*.

Para que o contrato se perfaça é necessário que seja expedido o *conhecimento de transporte aéreo*, com todos os requisitos específicos constantes do art. 235 do Código Brasileiro de Aeronáutica (Lei 7.565, de 19.12.1986),[32] para a perfeita identificação do que está sendo transportado e, lógico, para a cobrança do frete, sendo que o mesmo deve ser expedido em três vias, com destinação a cada um dos envolvidos, conforme o art. 236 do referido Código.[33]

De outro lado, o transportador pode fazer a expedição do conhecimento de transporte mesmo sem a vontade do expedidor, na forma do

---

32. Código Brasileiro de Aeronáutica: "Art. 235. No contrato de transporte aéreo de carga, será emitido o respectivo conhecimento, com as seguintes indicações: I – o lugar e data de emissão; II – os pontos de partida e destino; III – o nome e endereço do expedidor; IV – o nome e endereço do transportador; V – o nome e endereço do destinatário; VI – a natureza da carga; VII – o número, acondicionamento, marcas e numeração dos volumes; VIII – o peso, quantidade e o volume ou dimensão; IX – o preço da mercadoria, quando a carga for expedida contra pagamento no ato da entrega, e, eventualmente, a importância das despesas; X – o valor declarado, se houver; XI – o número das vias do conhecimento; XII – os documentos entregues ao transportador para acompanhar o conhecimento; XIII – o prazo de transporte, dentro do qual deverá o transportador entregar a carga no lugar do destino, e o destinatário ou expedidor retirá-la".

33. Código Brasileiro de Aeronáutica: "Art. 236. O conhecimento aéreo será feito em 3 (três) vias originais e entregue pelo expedidor com a carga. § 1º. A 1ª via, com a indicação 'do transportador', será assinada pelo expedidor. § 2º. A 2ª via, com a indicação 'do destinatário', será assinada pelo expedidor e pelo transportador e acompanhará a carga. § 3º. A 3ª via será assinada pelo transportador e por ele entregue ao expedidor, após aceita a carga."

art. 237 do Código Brasileiro de Aeronáutica,[34] sendo que nesse caso haverá inversão do ônus da prova, eis que aqui há uma presunção *juris tantum* de que foi feito com o conhecimento do expedidor.

Havendo mais de um volume a ser transportado, haverá necessidade de expedir outro conhecimento de transporte aéreo (art. 238 do Código Brasileiro de Aeronáutica[35]).

Como se trata de título de crédito representativo, o conhecimento de transporte aéreo faz presumir a existência de um contrato de transporte de carga já expedida, motivo pelo qual é exigida a perfeita descrição da mesma, sendo que a via em poder do expedidor da carga pode ser negociada livremente, mesmo porque impera confiança em que a carga efetivamente se encontra a caminho do lugar de destino.

A quebra dessa confiança importa prática de delito, sujeito, inclusive, às mais diversas sanções de natureza civil, administrativa e penal (arts. 239-241 do Código Brasileiro de Aeronáutica[36]).

Como o conhecimento de transporte aéreo revela apenas que existiu a negociação, todo o restante da operação desse transporte deve ser analisada no momento da entrega da mercadoria, com a fixação de prazos para retirada, perda dos bens etc., que vimos no vol. I, Capítulo V, item 1.2.7.2.

O conhecimento pode ser livremente negociado, por meio de todas as formas de atos translativos de propriedade e direitos sobre títulos de crédito, como vimos anteriormente.

---

34. Código Brasileiro de Aeronáutica: "Art. 237. Se o transportador, a pedido do expedidor, fizer o conhecimento, considerar-se-á como tendo feito por conta e em nome deste, salvo prova em contrário".
35. Código Brasileiro de Aeronáutica: "Art. 238. Quando houver mais de 1 (um) volume, o transportador poderá exigir do expedidor conhecimentos aéreos distintos".
36. Código Brasileiro de Aeronáutica: "Art. 239. Sem prejuízo da responsabilidade penal, o expedidor responde pela exatidão das indicações e declarações constantes do conhecimento aéreo e pelo dano que, em consequência de suas declarações ou indicações irregulares, inexatas ou incompletas, vier a sofrer o transportador ou qualquer outra pessoa.
"Art. 240. O conhecimento faz presumir, até prova em contrário, a conclusão do contrato, o recebimento da carga e as condições do transporte.
"Art. 241. As declarações contidas no conhecimento aéreo, relativas a peso, dimensões, acondicionamento da carga e número de volumes, presumem-se verdadeiras até prova em contrário; as referentes a quantidade, volume, valor e estado da carga só farão prova contra o transportador se este verificar sua exatidão, o que deverá constar do conhecimento."

6. Dos títulos de crédito imobiliários

A partir da década de 1950 o Brasil começou a se expandir nas cidades, deixando sua vocação nitidamente ruralista, passando para a concentração do emprego nas cidades, principalmente nas grandes cidades, atraindo, por conta disso, moradores das mais diversas regiões, empolgados com a possibilidade de enriquecimento ou, ao menos, uma verdadeira forma de viver com emprego e renda, para o sustento das famílias.

Porém, constatou-se que a família tradicional brasileira, inicialmente formada pelo patriarca, que formava as gerações futuras, dando-lhes emprego e condições de sobrevivência, passava por transformação sensível por conta da migração exacerbada e não prevista pelos governantes, havendo necessidade de criar mecanismos de combate ao chamado "déficit habitacional" – o qual, gize-se, nunca foi alcançado, malgrado os constantes movimentos para fazer frente a esse crescimento desenfreado das cidades.

A verdade nacional é que a industrialização, o desenvolvimento das grandes cidades, o impulso provocado pelos novos meios de comunicação de massa, transportes, saúde, educação etc. geraram um *boom* nacional em direção aos grandes centros, que acabaram por não conseguir absorver totalmente o crescimento. E houve, como ainda há, a busca incessante pela chamada "casa própria", sonho de todos aqueles que pretendem viver longe da casa dos pais, seja casando ou simplesmente para "ter liberdade".

A expansão imobiliária no Brasil é uma verdade. O País é um dos que mais crescem no mundo, sem que, no entanto tenhamos um desenvolvimento padronizado e organizado. E isto desde tempos remotos, fazendo com que sempre tivéssemos a obrigação de "correr atrás" dos problemas e equacioná-los após a situação já se achar consolidada, dada a imensa capacidade criativa (para o bem, e, principalmente, para o mal).

Com os títulos imobiliários não foi diferente. Primeiro criou-se o problema e depois se legislou a respeito do assunto, regulamentando a matéria, quando se estipulou o chamado financiamento da "casa própria" por parte do Governo Federal, inicialmente através da Lei 4.380/1964, quando criadas as chamadas *letras imobiliárias*, seguidas do Decreto 70/1966, com a invenção das *cédulas hipotecárias*; depois pela Lei 7.684/1988, quando inventadas as *letras hipotecárias*, e posteriormente pela Lei 10.931/2004, com a criação das *cédulas de crédito imobiliário* e das *letras de crédito imobiliário*, todas elas permeadas de sucessivas alterações legislativas, ora por meio de decretos regulamentadores, ora por meio de legislações que alteraram os textos originais, praticamente modificando por inteiro os institutos. Além disso, foram criadas duas subdivisões que não nos interessam examinar, em face da temática da obra: os certificados de recebíveis imobiliários e cédulas de crédito bancário.

Vejamos cada uma delas.

6.1 Das letras imobiliárias (Lei 4.380/1964)

Importante afirmar, desde o início, que as letras imobiliárias foram substancialmente alteradas pela Lei 13.137, de 2015, mas que permanecem muitas ainda vigentes, em razão da data de suas emissões, motivo pelo qual merecem ser estudadas.

As letras imobiliárias foram criadas precipuamente pelos arts. 44-53 da Lei 4.380/1964, com a finalidade exclusiva de captação de recursos junto ao mercado, e pelas quais investidores poderiam obter rendimentos do seu capital com custos menores nas operações, sendo que o destino de parte considerável do dinheiro empregado serviria para financiar os programas de habitação do governo Federal por meio do Banco Nacional da Habitação/BNH.

Os adquirentes das letras imobiliárias eram credores das sociedades que as instituíam, pouco importando se tivesse sido pelo próprio Governo Federal ou por qualquer outra sociedade instituída especialmente para tal fim. Destarte, as letras imobiliárias weam promessas de pagamento emitidas pelas sociedades de crédito imobiliário conferindo aos proprietários dos títulos o direito de receber um valor prometido por aquelas sociedades, acrescido de juros e correção monetária previamente ajustados e constantes das respectivas letras imobiliárias.

Assim, os credores das letras poderiam receber oportunamente o valor desembolsado, devidamente corrigido, com juros legais e correção monetária, com atualização de 8% de juros, nas não poderiam ser resgatadas antes de dois anos de sua emissão. As letras imobiliárias poderiam ser livremente negociadas nas Bolsas de Valores, a teor da autorização do art. 51 da Lei 4.380/1964.

Nos termos da revogada Lei 4.380/1964, que as criou, em realidade, as "letras imobiliárias" eram em muito assemelhadas às *debêntures* das sociedades anônimas. Porém, as sociedades imobiliárias não podiam, expressamente, emitir debêntures. Isto porque as letras imobiliárias tinham, expressamente, a garantia da União Federal, não obstante a possibilidade real da constituição de outras sociedades para o fim da habitação, e, do mesmo modo, gerando a garantia de que seriam sempre consideradas títulos de crédito com garantias e preferências, inclusive sobre os débitos fiscais e parafiscais.

Porém, tal preceito sempre pareceu-nos padecer de ilegalidade e inconstitucionalidade extremas, posto que os créditos fiscais, por se tratar de norma emanada da legislação complementar à Constituição Federal, como é o caso do Código Tributário Nacional, não poderiam ficar adstritos a uma mera lei ordinária, de categoria inferior, principalmente porque há outros créditos com melhores situações constitucionalmente considerados, que se sobrepunham às letras ora tratadas, e não poderiam deixar de ser observadas estas situações constitucionais em prol das letras, como é o caso, por exemplo, dos créditos de natureza alimentar ou trabalhista e do crédito tributário.

Do mesmo modo é o pensar de Marlon Tomazette:

> A nosso ver, contudo, tal privilégio não mais existe tendo em vista o advento do Código Tributário Nacional (Lei 5.172/1966), cujo art. 186 estabelece que "o crédito tributário prefere a qualquer outro, seja qual for sua natureza ou o tempo de sua constituição, ressalvados os créditos decorrentes da legislação do trabalho ou do acidente do trabalho". Diante dessa disposição, os credores da letra imobiliária não terão privilégios em relação aos credores fiscais, trabalhistas e de acidente do trabalho.[37]

É óbvio que a legislação tributária tem preferência, sendo que só poderíamos atribuir tal qualidade especial às letras imobiliárias como forma de interpretação errônea do texto constitucional (mesmo o que serviu de base à Lei 4.380/1964), pois sempre a legislação tributária foi tratada de maneira preferencial – como não poderia deixar de ser.

A letra imobiliária é um *título formal*, cujos *requisitos* encontravam-se expressamente consignados no art. 45 da Lei 4.380/1964, *in verbis*:

a) a denominação "letra imobiliária" e a referência à presente Lei;
b) a denominação do emitente, sua sede, capital e reserva, total dos recursos de terceiros e de aplicações; c) o valor nominal por referência à Unidade-Padrão de Capital do Banco Nacional da Habitação (art. 52);
d) a data do vencimento, a taxa de juros e a época do seu pagamento;

---

37. Tomazette, *Curso de Direito Empresarial. Títulos de Crédito*, cit., vol. 2, p. 394.

e) o número de ordem bem como o livro, folha e número da inscrição no Livro de Registro do emitente; f) a assinatura do próprio punho do representante ou representantes legais do emitente; g) o nome da pessoa a quem deverá ser paga no caso de letra nominativa.

Como se percebe claramente do texto legal, as letras imobiliárias eram escrituradas no respectivo *Livro de Registro de Emissão de Letras Imobiliárias*, ou *Livro de Registro de Letras Imobiliárias Nominativas*, cuja finalidade era o registro da emissão das letras, naturalmente nominativas na sua emissão, podendo, posteriormente, ser transferidas tanto por meio *endosso em preto* – quando deveriam ser escrituradas.

Porém, é preciso ressaltar que a própria Lei 4.380/1964, no seu art. 47, havia criado a circulação do título decorrente da letra imobiliária pela sua simples *traditio*, o que sempre foi aceito pela doutrina dominante. Porém, conforme estabelecido na Lei 8.021/1990 ("Plano Collor"), ficou proibida a circulação de títulos de crédito ao portador ou endossáveis sem nominação, gerando discussão acalorada sobre a possibilidade, ou não, dessa forma de circulação, sendo que a doutrina e a jurisprudência se curvaram para a impossibilidade, eis que a Lei 8.021/1990, por tratar integralmente da matéria da primeira (Lei 4.380/1964), modificou o entendimento.

Assim pensam Rubens Requião,[38] Marlon Tomazette[39] e Maria Bernadete Miranda,[40] entre outros.

As letras imobiliárias, como quaisquer outros títulos de crédito, também eram transmissíveis a terceiros em operações financeiras, podendo ser constituídos créditos sobre as mesmas, como o penhor, além de outras onerações.

Assim como quaisquer títulos de crédito, a perda ou extravio do certificado de propriedade das letras imobiliárias nominativas garantem a emissão de nova via, conforme o art. 50 da Lei 4.380/1964.

Como se trata de título de crédito cuja finalidade é o investimento de um credor, dispunha o art. 52 sobre a variação das chamadas "Unidades-Padrão de Capital", a favor dos credores, sendo que referidos critérios são sistematicamente atualizados pelo Conselho Nacional de Economia e pelo CMN, calcados em políticas públicas.

---

38. Rubens Requião, *Curso de Direito Comercial*, 24ª ed., vol. 2, p. 591.
39. Marlon Tomazette, *Curso de Direito Empresarial. Títulos de Crédito*, cit., vol. 2. p. 395.
40. Maria Bernadete Miranda, *Títulos de Crédito*, p. 144.

6.2 Das cédulas hipotecárias (Decreto-lei 70/1966)

Quando da autorização por parte do CMN para a criação de associações de poupadores e concessionários de empréstimos públicos, por meio de manobra política muito bem arquitetada, houve a possibilidade também da criação das *cédulas hipotecárias*, as quais passavam a valer substancialmente contra os interesses dos mutuários, que passaram a adquirir bens com restrições hipotecárias que não haviam participado.

Em verdade, foi manobra elaborada para o fim de fomentar o crescimento das construtoras e o emprego de mão de obra na construção civil, geralmente por meio de empreiteiros que não tinham a menor condição de erguer prédios, os quais, por sua vez, vendiam a pessoas que não tinham a menor condição de pagar o preço de mercado dos edifícios construídos, passando a gerar uma enorme legião de "construtores" e "felizes proprietários", ambos endividados com o Tesouro, que bancava tudo.

Daí nasceu a cédula hipotecária. Basta observar os termos do art. 1º do Decreto-lei 70/1966 para perceber claramente que as chamadas "associações de poupança e empréstimo" eram verdadeiras instituições financeiras travestidas de concessionárias de empréstimos ao público, no mais das vezes sem a menor condição econômica de aquisição de moradia.[41]

As cédulas hipotecárias, em realidade, são títulos que visam à captação de recursos junto ao mercado – vale dizer, junto aos adquirentes dos imóveis, que adquirem as unidades habitacionais construídas e levam consigo a hipoteca, na qual não tiveram nenhuma participação.

Tal instituto foi criado pelo Decreto-lei 70/1966, sendo que a emissão da cédula e sua circulação independem de outorga uxória, nos termos do art. 17, § 2º,[42] quando o vendedor for empresário do ramo da

---

41. Decreto-lei 70/1966: "Art. 1º. Dentro das normas gerais que forem estabelecidas pelo Conselho Monetário Nacional, poderão ser autorizadas a funcionar, nos termos deste Decreto-lei, associações de poupança e empréstimo, que se constituirão obrigatoriamente sob a forma de sociedades civis, de âmbito regional restrito, tendo por objetivos fundamentais: I – propiciar ou facilitar a aquisição de casa própria aos associados; II – captar, incentivar e disseminar a poupança. § 1º. As associações de poupança e empréstimo estarão compreendidas no Sistema Financeiro da Habitação no item IV do art. 8º da Lei n. 4.380, de 21 de agosto de 1964, e legislação complementar, com todos os encargos e vantagens decorrentes. § 2º. As associações de poupança e empréstimo e seus administradores ficam subordinados aos mesmos preceitos e normas atinentes às instituições financeiras, estabelecidos no Capítulo V da Lei n. 4.595/1964."

42. Decreto-lei 70/1966, § 2º do art. 17: " § 2º. Na emissão e no endosso da cédula hipotecária é dispensável a outorga uxória".

construção civil, vale dizer, quando se tratar de pessoa voltada para a construção de imóveis.

Resumidamente: o construtor constrói com dinheiro do banco, emite a cédula hipotecária sobre o imóvel, transmite para o adquirente, que pagará por uma hipoteca que não constituiu, tendo o "construtor" todo "seu capital" resguardado. Ele (o construtor) nunca perde. O dinheiro não é dele, e a hipoteca quem paga é o adquirente do imóvel.

Tal *cédula hipotecária* pode ser *integral* ou *parcial*, de acordo com o valor recebido da instituição financeira e repassado para o adquirente final. Se o adquirente final não pagou qualquer valor à instituição financeira haverá uma hipoteca *integral*; se pagou algo (uma entrada, por exemplo), dir-se-á que essa hipoteca é *parcial*.

As pessoas jurídicas que podem utilizar essa cédula hipotecária são apenas aquelas inscritas no Sistema Financeiro da Habitação, nos termos do art. 10 do Decreto-lei 70/1966, sendo que poderá, por mera liberalidade da época de sua criação, representar outros créditos hipotecários, não necessariamente daquela construção – o que nos parece um tanto quanto absurdo, mas se trata de aberrações do período ditatorial.[43]

Nos termos do art. 11 do Decreto-lei 70/1966, também pode ser emitida uma segunda hipoteca sobre o mesmo empreendimento, sendo possível que várias instituições financeiras o custeiem.[44]

Toda *cédula hipotecária* é proveniente de um *contrato de financiamento imobiliário garantido por hipoteca* – ou seja: não há cédula

---

43. Decreto-lei 70/1966: "Art. 10. É instituída a cédula hipotecária para hipotecas inscritas no Registro Geral de Imóveis, como instrumento hábil para a representação dos respectivos créditos hipotecários, a qual poderá ser emitida pelo credor hipotecário nos casos de: I – operações compreendidas no Sistema Financeiro da Habitação; II – hipotecas de que sejam credores instituições financeiras em geral, e companhias de seguro; III – hipotecas entre outras partes, desde que a cédula hipotecária seja originariamente emitida em favor das pessoas jurídicas a que se refere o inciso II supra. § 1º. A cédula hipotecária poderá ser integral, quando representar a totalidade do crédito hipotecário, ou fracionária, quando representar parte dele, entendido que a soma do principal das cédulas hipotecárias fracionárias emitidas sobre uma determinada hipoteca e ainda em circulação não poderá exceder, em hipótese alguma, o valor total do respectivo crédito hipotecário em nenhum momento. § 2º. Para os efeitos do valor total mencionado no parágrafo anterior, admite-se o cômputo das correções efetivamente realizadas, na forma do art. 9º, do valor monetário da dívida envolvida. § 3º. As cédulas hipotecárias fracionárias poderão ser emitidas em conjunto ou isoladamente a critério do credor, a qualquer momento antes do vencimento da correspondente dívida hipotecária."
44. Decreto-lei 70/1966: "Art. 11. É admitida a emissão de cédula hipotecária sobre segunda hipoteca, desde que tal circunstância seja expressamente declarada com evidência, no seu anverso".

hipotecária que não seja decorrente de negociação imobiliária. A cédula está vinculada a um contrato imobiliário, não existindo por si só.

Esse contrato *sempre* obrigará os devedores a cumprir os termos da hipoteca, que deverá ser emitida com as *cláusulas legais* impostas para sua validade, sob pena de nulidade, nos termos do art. 21 do Decreto-lei 70/1966.[45]

Ademais, para terem validade, as cédulas hipotecárias necessariamente terão que preencher os inúmeros *requisitos legais* previstos no art. 15 do Decreto-lei 70/1966, sendo que a falta de algum deles gerará nulidade absoluta da cédula hipotecária, a saber:

Art. 15. A cédula hipotecária conterá *obrigatoriamente*: I – No *anverso*: a) nome, qualificação e endereço do emitente, e do devedor; b) número e série da cédula hipotecária, com indicação da parcela ou totalidade do crédito que represente; c) número, data, livro e folhas do Registro Geral de Imóveis em que foi inscrita a hipoteca, e averbada a cédula hipotecária; d) individualização do imóvel dado em garantia; e) o valor da cédula, como previsto nos arts. 10 e 12, os juros convencionados e a multa estipulada para o caso de inadimplemento; f) o número de ordem da prestação a que corresponder a cédula hipotecária, quando houver; g) a data do vencimento da cédula hipotecária ou, quando representativa de várias prestações, os seus vencimentos de amortização e juros; h) a autenticação feita pelo oficial do Registro Geral de Imóveis; i) a data da emissão, e as assinaturas do emitente, com a promessa de pagamento do devedor; j) o lugar de pagamento do principal, juros, seguros e taxa. II – *No verso*, a menção ou locais apropriados para o lançamento dos seguintes elementos: a) data ou datas de transferência por endosso; b) nome, assinatura e endereço do endossante; c) nome, qualificação, endereço e assinatura do endossatário; d) as condições do endosso; e) a designação do agente recebedor e sua comissão. Parágrafo único. A cédula hipotecária vinculada ao Sistema Financeiro da Habitação deverá conter ainda, no verso, a indicação dos seguros obrigatórios, estipulados pelo Banco Nacional da Habitação (grifos nossos).

De outro lado, por meio da Resolução CMN-228/1972, é essencial constar o valor do crédito e todos os encargos dele decorrentes, pratica-

---

45. Decreto-lei 70/1966: "Art. 21. É vedada a emissão de cédulas hipotecárias sobre hipotecas cujos contratos não prevejam a obrigação do devedor de: I – conservar o imóvel hipotecado em condições normais de uso; II – pagar nas épocas próprias todos os impostos, taxas, multas, ou quaisquer outras obrigações fiscais que recaiam ou venham a recair sobre o imóvel; III – manter o imóvel segurado por quantia no mínimo correspondente ao do seu valor monetário corrigido. Parágrafo único. O Conselho de Administração do Banco Nacional da Habitação poderá determinar a adoção de instrumentos-padrão, cujos termos fixará, para as hipotecas do Sistema Financeiro da Habitação."

mente ratificando os termos do Decreto-lei 70/1966, bem como as datas mínimas de vencimento, que serão de dois anos, pelo menos.

Importante asseverar que, regra geral, as *cédulas hipotecárias* são assumidas por aquele que se compromete a construir o imóvel, recebendo o dinheiro para tal finalidade. O repasse do dinheiro não sofre fiscalização adequada, sendo que o "construtor" pode perfeitamente negociar um imóvel em construção – por esse modelo de negócio – antes da construção final e simplesmente negociar livremente os termos da cédula hipotecária com o adquirente, o qual não terá nenhuma – absolutamente nenhuma – garantia de receber o imóvel. Tanto isso é verdade que vimos centenas de milhares de "felizes proprietários" com hipotecas para pagar sem receber seus imóveis. A situação modificou-se com as alienações fiduciárias imobiliárias.

Voltando ao tema, as cédulas hipotecárias são registradas no Registro de Imóveis do local onde está situado o imóvel a ser construído (ou em construção), quando poderão ser livremente negociadas, nos termos do art. 13 do Decreto-lei 70/1966.[46]

As cédulas hipotecárias são constituídas sobre cada unidade habitacional, figurando o "construtor" como devedor. Na medida em que negocia a unidade habitacional, haverá averbação à margem da hipoteca inscrita no Registro de Imóveis, o qual exigirá toda a documentação necessária para identificar o novo devedor hipotecário – no caso, o adquirente do imóvel.

Por isso, todas as negociações da hipoteca, ou seja, toda transferência dos nomes dos devedores, se faz por meio de *endosso em preto*, ou seja, será sempre nominativa – tanto a cédula hipoteca como sua transferência, *ex vi* do art. 16 do Decreto-lei 70/1966.[47]

---

46. Decreto-lei 70/1966: "Art. 13. A cédula hipotecária só poderá ser lançada à circulação depois de averbada à margem da inscrição da hipoteca a que disser respeito, no Registro Geral de Imóveis, observando-se para essa averbação o disposto na legislação e regulamentação dos serviços concernentes aos registros públicos, no que couber. Parágrafo único. Cada cédula hipotecária averbada será autenticada pelo oficial do Registro Geral de Imóveis competente, com indicação de seu número, série e data, bem como do livro, folhas e a data da inscrição da hipoteca a que corresponder a emissão e à margem da qual for averbada."

47. Decreto-lei 70/1966: "Art. 16. A cédula hipotecária é sempre nominativa, e de emissão do credor da hipoteca a que disser respeito, podendo ser transferida por endosso em preto lançado no seu verso, na forma do art. 15, II, aplicando-se à espécie, no que este Decreto-lei não contrarie, os arts. 1.065 e ss. do Código Civil [*Arts. 286 e ss. do CC/2002*]. Parágrafo único. Emitida a cédula hipotecária, passa a hipoteca sobre a qual incidir a fazer parte integrante dela, acompanhando-a nos endossos subsequentes, sub-rogando-se automaticamente o favorecido ou o endossatário em todos os direitos creditícios respectivos, que serão exercidos pelo último deles, titular pelo endosso em preto."

A transferência dos devedores poderá ser feita para qualquer pessoa, inclusive outras pessoas jurídicas de direito privado, ou instituições financeiras, sem que existam restrições a tais negociações, como expressamente consignado no Decreto-lei 70/1966, nos termos do art. 22.[48]

De outro lado, não havendo comunicação formal ou notificação judicial, no prazo de 30 dias, da transferência do devedor hipotecário, o próprio legislador tratou de determinar que o endossante ou o emitente fossem solidários no pagamento do débito junto à instituição financeira, nos termos do art. 17 do Decreto-lei 70/1966.[49]

(a) Da liquidação da cédula hipotecária

A cédula hipotecária poderá ser *quitada total* ou *parcialmente*, independentemente do prazo de duração da hipoteca, devendo, nesse caso, ser devolvida ao credor hipotecário, com a prova da quitação, e, posteriormente, embora não conste da legislação, deverá ser anotada obrigatoriamente no Registro de Imóveis, nos termos dos arts. 18, 19 e 20 do Decreto-lei 70/1966.[50]

---

48. Decreto-lei 70/1966: "Art. 22. As instituições financeiras em geral e as companhias de seguro poderão adquirir cédulas hipotecárias ou recebê-las em caução, nas condições que o Conselho Monetário Nacional estabelecer".
49. Decreto-lei 70/1966: "Art. 17. Na emissão e no endosso da cédula hipotecária, o emitente e o endossante permanecem solidariamente responsáveis pela boa liquidação do crédito, a menos que avisem o devedor hipotecário e o segurador, quando houver, de cada emissão ou endosso, até 30 (trinta) dias após sua realização através de carta (do emitente ou do endossante, conforme o caso), entregue mediante recibo ou enviada pelo Registro de Títulos e Documentos, ou ainda por meio de notificação judicial, indicando-se, na carta ou na notificação, o nome, a qualificação e o endereço completo do beneficiário (se se tratar de emissão) ou do endossatário (se se tratar de endosso). § 1º. O Conselho Monetário Nacional fixará as condições em que as companhias de seguro e as instituições financeiras poderão realizar endossos de cédulas hipotecárias, permanecendo solidariamente responsáveis por sua boa liquidação, inclusive despesas judiciais, hipótese em que deverão indicar na própria cédula, obrigatoriamente, o custo de tais serviços. § 2º. Na emissão e no endosso da cédula hipotecária é dispensável a outorga uxória."
50. Decreto-lei 70/1966: "Art. 18. A liquidação total ou parcial da hipoteca sobre a qual haja sido emitida cédula hipotecária prova-se pela restituição da mesma cédula hipotecária, quitada, ao devedor, ou, na falta dela, por outros meios admitidos em lei. Parágrafo único. O emitente, endossante, ou endossatário de cédula hipotecária que receber seu pagamento sem restituí-la ao devedor permanece responsável por todas as consequências de sua permanência em circulação.
"Art. 19. Nenhuma cédula hipotecária poderá ter prazo de resgate diferente do prazo da dívida hipotecária a que disser respeito, cujo vencimento antecipado, por qualquer motivo, acarretará automaticamente o vencimento, identicamente antecipado, de todas as cédulas hipotecárias que sobre ela houverem sido emitidas.

Caso o credor se recuse a dar recibo da quitação antecipada do preço, sem fundamento, poderá o devedor obrigá-lo judicialmente, nos termos da *parte final* do art. 20 do citado decreto-lei. E as escusas, como temos visto nos procedimentos judiciais em que atuamos, são as mais estapafúrdias possíveis, como o aumento considerável do imóvel, em razão do tempo da construção; o aumento do custo de vida; a transferência para terceiro, sem anuência do construtor, durante a construção do imóvel etc.

O *cancelamento da cédula hipotecária* é feito diretamente no Cartório de Registro de Imóveis pelo oficial à vista do termo de quitação. O cancelamento importa liberação do imóvel.

Embora não fosse necessário, o legislador resolveu inovar para explicar em que situações específicas a cédula hipotecária deveria ser cancelada, nos termos do art. 24 do Decreto-lei 70/1966.[51]

(b) Inadimplemento da cédula hipotecária

Em caso de não pagamento dos valores devidos e constantes da cédula hipotecária é possível que a execução recaia sobre o imóvel hipotecado, nos termos do Código de Processo Civil.

Da mesma forma, se o devedor hipotecário vier a ser alvo de outras execuções sobre o imóvel hipotecado, obrigatoriamente deverá comunicar o juízo processante, sob pena de responder pelos prejuízos que eventualmente vier a causar ao credor hipotecário, tudo isso de acordo com o art. 23 do Decreto-lei 70/1966.[52]

"Art. 20. É a cédula hipotecária resgatável antecipadamente, desde que o devedor efetue o pagamento correspondente ao seu valor, corrigido monetariamente até a data da liquidação antecipada; se o credor recusar infundadamente o recebimento, poderá o devedor consignar judicialmente as importâncias devidas, cabendo ao juízo determinar a expedição de comunicação ao Registro Geral de Imóveis para o cancelamento da correspondente averbação ou da inscrição hipotecária, quando se trate de liquidação integral desta."
51. Decreto-lei 70/1966: "Art. 24. O cancelamento da averbação da cédula hipotecária e o da inscrição da hipoteca respectiva, quando se trate de liquidação integral desta, far-se-ão: I – à vista das cédulas hipotecárias devidamente quitadas, exibidas pelo devedor ao oficial do Registro Geral de Imóveis; II – nos casos dos arts. 18 e 20, *in fine*; III – por sentença judicial transitada em julgado. Parágrafo único. Se o devedor não possuir a cédula hipotecária quitada, poderá suprir a falta com a apresentação de declaração de quitação do emitente ou endossante em documento à parte."
52. Decreto-lei 70/1966: "Art. 23. Na hipótese de penhora, aresto, sequestro ou outra medida judicial que venha a recair em imóvel objeto de hipoteca sobre a qual haja sido emitida cédula hipotecária, fica o devedor obrigado a denunciar ao juízo da ação ou execução a existência do fato, comunicando-o incontinenti aos oficiais incumbidos da

(c) Implicação penal da emissão irregular de cédula hipotecária

Pelo art. 27 do Decreto-lei 70/1966 expressamente se considerou crime de estelionato a *emissão* ou o *endosso* de cédula hipotecária com infringência do decreto-lei, expressamente mandando aplicar o art. 171 do CP.

6.3 Das letras hipotecárias (Lei 7.684/1988)

As letras hipotecárias são títulos de crédito emitidos por bancos múltiplos, pela Caixa Econômica Federal e outras instituições financeiras ou por sociedades de crédito imobiliário, todos esses aptos a conceder créditos aos que deles necessitam.

Ao contrário das *cédulas hipotecárias* – cujo crédito é concedido ao construtor, que repassa aos adquirentes de unidades habitacionais –, as letras hipotecárias são emitidas por quaisquer sociedades que possuam em seus estatutos interesses voltados ao crédito imobiliário, como se vê da estipulação clara do art. 1º da Lei 7.684/1988, *in verbis*:

> As instituições financeiras, autorizadas a conceder créditos hipotecários, poderão sacar, independentemente de tradição efetiva, letras da mesma espécie, garantidas por créditos hipotecários, conferindo aos seus tomadores direito de crédito pelo valor nominal, atualização monetária e juros nelas estipulados.

Em verdade, as *letras hipotecárias* são formas de captação de recursos junto ao público, sendo que esses recursos tanto podem advir da iniciativa privada como do setor público, eis que não existe vedação legal para que as entidades públicas participem do sistema de captação.

Assim, daremos o seguinte exemplo: a empresa "X" tem um imóvel mas não tem capital suficiente para construir um prédio; ela empresta dinheiro do banco "Y" para a construção do prédio; o banco "Y", por seu turno, lança no mercado *letras hipotecárias*, com juros e correção monetária preestabelecidos para resgate, e recebe um valor tal que cobrirá eventual risco do empréstimo à empresa "X".

As *letras hipotecárias* em muito se assemelham às debêntures das sociedades anônimas, pois qualquer empresa, *lato sensu*, voltada para o ramo imobiliário – gize-se – poderá emitir as letras hipotecárias visando à captação de recursos para a edificação de algum imóvel, já estando

diligência, sob pena de responder pelos prejuízos que de sua omissão advierem para o credor".

previamente estipulados os juros e eventuais correções das letras emitidas.

Dessa maneira, as letras hipotecárias são papéis que obrigam os emitentes ao pagamento daquilo que está estipulado; a garantia não é o imóvel, como nas cédulas hipotecárias, mas a própria instituição emitente dos títulos, sendo que sempre haverá garantias adicionais das emitentes e prazos menores que os créditos hipotecários.

As letras hipotecárias somente poderão ser *nominativas* ou com endosso em preto, eis que pela Lei 8.021/1990, art. 2º ("Plano Collor"), deixaram de existir os títulos ao portador nessas condições, muito embora até 1988 tenha existido essa modalidade, nos termos do art. 1º da Lei 7.684/1988.

As letras hipotecárias deverão preencher todos os requisitos do art. 1º e seu § 2º, da Lei 7.684/1988, *in verbis*:

§ 2º. O certificado da letra conterá as seguintes declarações: a) o nome da instituição financeira emitente e as assinaturas de seus representantes; b) o número de ordem, o local e a data de emissão; c) a denominação "letra hipotecária"; d) o valor nominal e a data de vencimentos; e) a forma, a periodicidade e o local de pagamento do principal, da atualização monetária e dos juros; f) os juros, que poderão ser fixos ou flutuantes; g) a identificação dos créditos hipotecários caucionados e seu valor; h) a denominação ao portador ou o nome do titular, se nominativa, e a declaração de que a letra é transferível por endosso, se endossável.

No entanto, pelo § 3º do art. 1º da Lei 7.684/1988 é possível que o credor dispense a emissão do certificado.[53]

Além disso, visando a atrair mais investidores, as letras hipotecárias poderão contar com garantias adicionais, conforme estabelecido no art. 2º da Lei 7.684/1988 – o que não deixa de ser extremamente chamativo ante outros títulos que não têm as mesmas garantias adicionais.

Da mesma forma, as letras hipotecárias, ainda, poderão garantir mais de um crédito hipotecário, sendo que a soma, porém, não pode ultrapassar o valor total dos créditos existentes em poder da instituição financeira, nos termos do art. 3º da Lei 7.684/1988. E, ainda, o prazo de vencimento dos créditos hipotecários não poderá ser superior ao dos créditos hipotecários que lhe servem de garantia, conforme dispõe o § 1º

---

53. Lei 7.684/1988, § 3º do art. 1º: " § 3º. A critério do credor poderá ser dispensada a emissão de certificado, ficando registrada sob a forma escritural da instituição emissora".

do referido artigo. De outro lado, visando à rápida circulação das letras hipotecárias e à liquidez desses títulos de crédito a própria legislação previu o intercâmbio no § 2º do art. 3º da Lei 7.684/1988.[54]

Expressamente, também, a Lei 7.684/1988 estabeleceu que a circulação das letras hipotecárias poderá ser feita por meio de endosso, o qual, todavia, não dá direito ao credor de cobrar diretamente o endossante, mas, sim, apenas por meio de ação regressiva, exatamente como descrito no art. 4º, *in verbis*:

Art. 4º. O endossante da letra hipotecária responderá pela veracidade do título, mas contra ele não será admitido direito de cobrança regressiva.

Dessa maneira evita-se que eventuais endossantes sejam responsáveis diretos pela veracidade e pela autenticidade dos títulos de crédito emitidos nessa modalidade, prejudicando eventual circulação e, dessa maneira, comprometendo totalmente o sistema estabelecido para a livre circulação das letras hipotecárias.

6.4 Das letras de crédito imobiliário (Lei 10.931/2004)

Assim como as letras hipotecárias, a legislação brasileira de 2004 autorizou a criação das *letras de crédito imobiliário*, visando à captação de recursos junto ao mercado, que contam com garantias reais, como forma de melhor atrair os investidores.

As *letras de crédito imobiliário* são verdadeiros papéis de renda fixa, lastreados em créditos imobiliários; estes, por sua vez, são garantidos por *hipotecas* ou por *alienação fiduciária* de um bem imóvel, conferindo aos seus tomadores o direito de crédito pelo valor nominal, mais juros e eventual correção monetária, quando for esta estipulada.

Tais títulos de crédito são emitidos por *bancos comerciais, bancos múltiplos, Caixa Econômica Federal* e *demais instituições* que foram autorizadas, nos termos do art. 12 da Lei 10.931/2004, pelo BACEN

---

54. Lei 7.684/1988: "Art. 3º. A letra hipotecária poderá ser garantida por um ou mais créditos hipotecários, mas a soma do principal das letras hipotecárias emitidas pela instituição financeira não excederá, em hipótese alguma, o valor total dos créditos hipotecários em poder dessa instituição. § 1º. A letra hipotecária não poderá ter prazo de vencimento superior ao prazo dos créditos hipotecários que lhe servem de garantia. § 2º. O crédito hipotecário caucionado poderá ser substituído por outro crédito da mesma natureza, por iniciativa do emissor, no caso de liquidação ou vencimento antecipados, ou por solicitação do credor da letra."

a realizar tais operações de crédito imobiliário, mediante a emissão de letras de crédito imobiliário.[55] A letra de crédito imobiliário deverá ser nominativa, nos termos do § 1º do art. 12, ao passo que poderá ser transferida por meio de endosso em preto, mas sempre conterá:

I – o nome da instituição emitente e as assinaturas de seus representantes; II – o número de ordem, o local e a data de emissão; III – a denominação "letra de crédito imobiliário"; IV – o valor nominal e a data de vencimento; V – a forma, a periodicidade e o local de pagamento do principal, dos juros e, se for o caso, da atualização monetária; VI – os juros, fixos ou flutuantes, que poderão ser renegociáveis, a critério das partes; VII – a identificação dos créditos caucionados e seu valor; VIII – o nome do titular; e IX – cláusula à ordem, se endossável.

De outro lado, visando à rápida circulação do título de crédito, expressamente prevê o art. 12, § 2º, que, a critério do credor, poderá ser dispensada a emissão de certificado, mas nessas condições a letra de crédito imobiliário deve ser registrada em sistemas de registro e liquidação financeira de títulos privados autorizados pelo BACEN, conforme já expusemos alhures, quando tratamos "Dos títulos de crédito eletrônicos" (item 9).

Outra novidade das letras de crédito imobiliário em relação aos demais títulos imobiliários é que o art. 13 da Lei 10.931/2004 prevê a possibilidade de adoção de algum índice oficial de preços quando emitidas com o prazo mínimo de 36 meses – o que demonstra que o legislador de 2004 já se preocupou com a atualização dos créditos decorrentes das letras de crédito imobiliário. No entanto, somente poderá ser corrigido o valor das letras de crédito imobiliário se não houver resgate antecipado, garantindo que os títulos emitidos com prazo sejam mantidos até o final daquele período.[56]

---

55. Lei 10.931/2004: "Art. 12. Os bancos comerciais, os bancos múltiplos com carteira de crédito imobiliário, a Caixa Econômica Federal, as sociedades de crédito imobiliário, as associações de poupança e empréstimo, as companhias hipotecárias e demais espécies de instituições que, para as operações a que se refere este artigo, venham a ser expressamente autorizadas pelo Banco Central do Brasil poderão emitir, independentemente de tradição efetiva, Letra de Crédito Imobiliário – LCI, lastreada por créditos imobiliários garantidos por hipoteca ou por alienação fiduciária de coisa imóvel, conferindo aos seus tomadores direito de crédito pelo valor nominal, juros e, se for o caso, atualização monetária nelas estipulados".

56. Lei 10.931/2004: "Art. 13. A LCI poderá ser atualizada mensalmente por índice de preços, desde que emitida com prazo mínimo de 36 (trinta e seis) meses. Parágrafo

Diante da "gritaria geral" estabelecida por esse art. 13, facultou-se ao CMN estabelecer prazos mínimos de resgate, nos termos do art. 17, sendo que na prática se têm visto descontos para o resgate antecipado, o que deixa de ser vantajoso para aquele que fica na posse da letra de crédito imobiliário para investimento, eis que perde a correção do período.[57]

Assim como já estudamos nos outros títulos de crédito imobiliário, as letras de crédito imobiliário também podem ser garantidas por meio de outras garantias fidejussórias adicionais (art. 14 da Lei 10.931/2004[58]) e ter a cobertura de mais de um crédito imobiliário (art. 15[59]), cujo valor e cujo prazo não sejam superiores aos originariamente pactuados. Assim como qualquer outro título de crédito imobiliário, a letra de crédito imobiliário prevê a livre circulação, por meio de endosso, mas a Lei 10.931/2004 expressamente prevê, no art. 16, que o endossante responderá pela veracidade do título, sendo admissível apenas a discussão sobre essa veracidade por meio de ação direta, ficando vedado o direito de cobrança por via regressiva contra o endossante.[60]

6.5 Das cédulas de crédito imobiliário (Lei 10.931/2004)

As *cédulas de crédito imobiliário* foram criadas a partir do art. 18 da Lei 10.931/2004, com a finalidade última de captação de recursos com a transferência de créditos imobiliários, sendo, inclusive, facultada a securitização de créditos, tendo sua regulamentação nos arts. 18-25 da referida lei.

único. É vedado o pagamento dos valores relativos à atualização monetária apropriados desde a emissão quando ocorrer o resgate antecipado, total ou parcial, em prazo inferior ao estabelecido neste artigo, da LCI emitida com previsão de atualização mensal por índice de preços."
57. Lei 10.931/2004: "Art. 17. O Conselho Monetário Nacional poderá estabelecer o prazo mínimo e outras condições para emissão e resgate de LCI, observado o disposto no art. 13 desta Lei, podendo inclusive diferenciar tais condições de acordo com o tipo de indexador adotado contratualmente" (*redação dada pela Lei 13.097/2015*).
58. Lei 10.931/2004: "Art. 14. A LCI poderá contar com garantia fidejussória adicional de instituição financeira".
59. Lei 10.931/2004: "Art. 15. A LCI poderá ser garantida por um ou mais créditos imobiliários, mas a soma do principal das LCI emitidas não poderá exceder o valor total dos créditos imobiliários em poder da instituição emitente. § 1º. A LCI não poderá ter prazo de vencimento superior ao prazo de quaisquer dos créditos imobiliários que lhe servem de lastro. § 2º. O crédito imobiliário caucionado poderá ser substituído por outro crédito da mesma natureza por iniciativa do emitente da LCI, nos casos de liquidação ou vencimento antecipados do crédito, ou por solicitação justificada do credor da letra."
60. Lei 10.931/2004: "Art. 16. O endossante da LCI responderá pela veracidade do título, mas contra ele não será admitido direito de cobrança regressiva".

Observando os requisitos formais estabelecidos no art. 19 da Lei 10.931/2004, temos presente que tal título de crédito é totalmente anormal, não podendo ser classificado, *prima facie*, em quaisquer daqueles anteriormente estudados, pois sua mobilidade é extrema, sendo que poderá ou não ser expresso cartulamente (podendo ser meramente eletrônico); deverá conter ou não garantias; terá ou não, dentro de determinadas circunstâncias, números de séries – o que nos faz refletir sobre a possibilidade de poderem ser emitidas garantias adicionais dentro de determinados períodos e, o que é pior, apontar para superposição de garantias, umas sobres as outras, desde que não pagas as primeiras.

Enfim, na forma como instituídas, as cédulas de crédito imobiliário são verdadeiros "Frankensteins" dos créditos imobiliários. Gladston Mamede se refere a títulos *sui generis*, ou seja, uma forma mais amena de classificar os presentes títulos de crédito.[61]

Vejamos seus *requisitos*:

Art. 19. A CCI deverá conter: I – a denominação "cédula de crédito imobiliário", quando emitida cartularmente; II – o nome, a qualificação e o endereço do credor e do devedor e, no caso de emissão escritural, também o do custodiante; III – a identificação do imóvel objeto do crédito imobiliário, com a indicação da respectiva matrícula no Registro de Imóveis competente e do registro da constituição da garantia, se for o caso; IV – a modalidade da garantia, se for o caso; V – o número e a série da cédula; VI – o valor do crédito que representa; VII – a condição de integral ou fracionária e, nessa última hipótese, também a indicação da fração que representa; VIII – o prazo, a data de vencimento, o valor da prestação total, nela incluídas as parcelas de amortização e juros, as taxas, seguros e demais encargos contratuais de responsabilidade do devedor, a forma de reajuste e o valor das multas previstas contratualmente, com a indicação do local de pagamento; IX – o local e a data da emissão; X – a assinatura do credor, quando emitida cartularmente; XI – a autenticação pelo oficial do Registro de Imóveis competente, no caso de contar com garantia real; XII – cláusula à ordem, se endossável.

Dessa forma as cédulas de crédito imobiliário são emitidas para o fim de representar títulos de crédito imobiliário, conforme o art. 18 da Lei 10.931/2004, sendo que podem ser emitidas em relação ao todo do empreendimento ou a apenas uma parcela, nos termos do § 1º do art. 18;

---

61. Gladston Mamede, *Direito Empresarial Brasileiro*, vol. 3 (*Títulos de Crédito*), p. 455.

nessa situação, a parcela não poderá exceder o total do crédito representado.[62]

Pelo § 2º do art. 18, as cédulas de crédito imobiliário poderão ser fracionadas, além de poderem ser emitidas de maneira simultânea ou não – dando a entender que a legislação não vedou a emissão de várias séries de cédulas de crédito imobiliário para a mesma operação, o que dá ensejo, sem dúvida, à criação de títulos "frios", eis que poderão ser emitidas várias séries, representando várias emissões, as quais, no final, poderão não ser suficientemente garantidas pelo empreendimento.[63]

Reforçando essa ideia está o § 3º do art. 18, no sentido de que várias cédulas de crédito imobiliário podem ser emitidas, várias garantidas, outras não, algumas existentes fisicamente e outras somente de forma virtual (escritural).[64] Não obstante tenha o § 4º estabelecido a necessidade de escritura pública, ainda assim permitiu que as cédulas de crédito imobiliário ficassem apenas registradas em arquivos das instituições financeiras.[65] No caso de ser apenas escritural, a cédula de crédito imobiliário constará apenas das anotações das instituições financeiras, o que a torna mais volátil e menos propensa à constrição judicial, como sói acontecer.

Por conta dessa possibilidade de vulnerabilidade do sistema de escrituração das cédulas de crédito imobiliário, a lei expressamente determinou, no art. 18, § 5º, que os créditos imobiliários garantidos por direito real fossem registrados no Cartório de Registro de Imóveis do local onde se situa o imóvel, o que não deixa de ser uma garantia e um atrativo para as cédulas de crédito imobiliário.[66]

---

62. Lei 10.931/2004, § 1º do art. 18: "§ 1º. A CCI será emitida pelo credor do crédito imobiliário e poderá ser integral, quando representar a totalidade do crédito, ou fracionária, quando representar parte dele, não podendo a soma das CCI fracionárias emitidas em relação a cada crédito exceder o valor total do crédito que elas representam".
63. Lei 10.931/2004, § 2º do art. 18: "§ 2º. As CCI fracionárias poderão ser emitidas simultaneamente ou não, a qualquer momento antes do vencimento do crédito que elas representam".
64. Lei 10.931/2004, § 3º do art. 18: "§ 3º. A CCI poderá ser emitida com ou sem garantia, real ou fidejussória, sob a forma escritural ou cartular".
65. Lei 10.931/2004, § 4º do art. 18: "§ 4º. A emissão da CCI sob a forma escritural far-se-á mediante escritura pública ou instrumento particular, devendo esse instrumento permanecer custodiado em instituição financeira e registrado em sistemas de registro e liquidação financeira de títulos privados autorizados pelo Banco Central do Brasil".
66. Lei 10.931/2004, § 5º do art. 18: "§ 5º. Sendo o crédito imobiliário garantido por direito real, a emissão da CCI será averbada no Registro de Imóveis da situação do imóvel, na respectiva matrícula, devendo dela constar, exclusivamente, o número, a série e a instituição custodiante".

De outro lado, eventual constrição judicial (penhora, arresto, arrecadação, arrolamento etc.) sobre o crédito decorrente da cédula de crédito imobiliário deverá ser devidamente comunicada à instituição financeira custodiante, quando emitida de forma nominal (escritural) ou, ainda, se a mesma existir fisicamente, por meio de apreensão física, sendo bastante clara a disposição do art. 18, § 7º;[67] nesse caso o credor deverá ser imediatamente comunicado para defender seus interesses (art. 18, §§ 8º e 9º).[68]

Diante do que se viu, as cédulas de crédito imobiliário são títulos de crédito livremente negociados, podendo ter garantias reais ou não, podendo ser endossáveis, quando terão a cláusula "à ordem", conforme o art. 19, XII, da Lei 10.931/2004. A emissão das cédulas de crédito imobiliário independe de autorização do devedor do crédito imobiliário, conforme o art. 21 da lei.[69]

Ao contrário de vários títulos de crédito, o pagamento não se prova apenas com a posse das cédulas de crédito imobiliário em poder do devedor, mas o art. 24 da Lei 10.931/2004 exige "declaração de quitação, emitida pelo credor", e, ainda, poderá ser demonstrada a quitação, à ausência dessa declaração "por outros meios admitidos em Direito".

Consoante o disposto no art. 784 do CPC, c/c o art. 20 da Lei 10.931/2004, a cédula de crédito imobiliário é título executivo extrajudicial, sendo que a cobrança do valor devido deve ser feita de acordo com o valor que falta pagar, descontados sempre os pagamentos eventualmente efetuados pelo devedor, embora o art. 20 e seu parágrafo único da Lei 10.931/2004[70] assim não o prevejam. Porém, é assim que deve ser interpretada tal disposição legal, mesmo porque se assim não o fosse haveria enriquecimento sem causa.

---

67. Lei 10.931/2004, § 7º do art. 18: "§ 7º. A constrição judicial que recaia sobre crédito representado por CCI será efetuada nos registros da instituição custodiante ou mediante apreensão da respectiva cártula".

68. Lei 10.931/2004, §§ 8º e 9º do art. 18: "§ 8º. O credor da CCI deverá ser imediatamente intimado de constrição judicial que recaia sobre a garantia real do crédito imobiliário representado por aquele título. § 9º. No caso de CCI emitida sob a forma escritural, caberá à instituição custodiante identificar o credor, para o fim da intimação prevista no § 8º."

69. Lei 10.931/2004: "Art. 21. A emissão e a negociação de CCI independe de autorização do devedor do crédito imobiliário que ela representa".

70. Lei 10.931/2004: "Art. 20. A CCI é título executivo extrajudicial, exigível pelo valor apurado de acordo com as cláusulas e condições pactuadas no contrato que lhe deu origem. Parágrafo único. O crédito representado pela CCI será exigível mediante ação de execução, ressalvadas as hipóteses em que a lei determine procedimento especial, judicial ou extrajudicial, para satisfação do crédito e realização da garantia."

De outro lado, a cessão do crédito que constitui a cédula de crédito imobiliário importa transferência automática de todas as garantias ao cessionário, que acaba por se sub-rogar, por óbvio, em todos os direitos e deveres decorrentes do contrato original, tudo conforme o disposto no art. 22 da Lei 10.931/2004.[71] De outro lado, pelo art. 23 da Lei 10.931/2004, quando uma cédula de crédito imobiliário for objeto de *securitização de crédito*, previsto no Sistema Financeiro Imobiliário, obrigatoriamente deverá constar no Termo de Securitização de Créditos.[72] Finalmente, expressamente veda a Lei 10.931/2004, no art. 25,[73] a averbação da emissão de uma cédula de crédito imobiliário com garantia real no Registro de Imóveis quando já houver outra garantia ou prenotação anterior, sendo que o fundamento lógico de tal regra é para que não tenha o negociador da cédula de crédito imobiliário que ficar sem condições de receber seu crédito, subordinado a outros anteriores, de modo a prejudicar o interesse do público em tais títulos de crédito.

6.6 Certificados de recebíveis imobiliários

A Lei 9.514, de 20.11.1997, provocou profunda alteração de todo o sistema de financiamento de imóveis ao criar a *alienação fiduciária*

---

71. Lei 10.931/2004: "Art. 22. A cessão do crédito representado por CCI poderá ser feita por meio de sistemas de registro e de liquidação financeira de títulos privados autorizados pelo Banco Central do Brasil. § 1º. A cessão do crédito representado por CCI implica automática transmissão das respectivas garantias ao cessionário, sub-rogando-o em todos os direitos representados pela cédula, ficando o cessionário, no caso de contrato de alienação fiduciária, investido na propriedade fiduciária. § 2º. A cessão de crédito garantido por direito real, quando representado por CCI emitida sob a forma escritural, está dispensada de averbação no Registro de Imóveis, aplicando-se, no que esta Lei não contrarie, o disposto nos arts. 286 e ss. da Lei n. 10.406, de 10 de janeiro de 2002 – Código Civil Brasileiro."

72. Lei 10.931/2004: "Art. 23. A CCI, objeto de securitização nos termos da Lei n. 9.514, de 20 de novembro de 1997, será identificada no respectivo Termo de Securitização de Créditos, mediante indicação do seu valor, número, série e instituição custodiante, dispensada a enunciação das informações já constantes da cédula ou do seu registro na instituição custodiante. Parágrafo único. O regime fiduciário de que trata a Seção VI do Capítulo I da Lei n. 9.514, de 1997, no caso de emissão de Certificados de Recebíveis Imobiliários lastreados em créditos representados por CCI, será registrado na instituição custodiante, mencionando o patrimônio separado a que estão afetados, não se aplicando o disposto no parágrafo único do art. 10 da mencionada Lei."

73. Lei 10.931/2004: "Art. 25. É vedada a averbação da emissão de CCI com garantia real quando houver prenotação ou registro de qualquer outro ônus real sobre os direitos imobiliários respectivos, inclusive penhora ou averbação de qualquer mandado ou ação judicial".

de imóveis, juntamente com isso permitindo a emissão dos *certificados de recebíveis imobiliários exclusivamente* pelas chamadas "empresas securitizadoras de créditos imobiliários" – empresas não financeiras, constituídas sob a forma de sociedades anônimas, com a finalidade precípua de adquirir e assegurar os créditos imobiliários, tudo conforme disposto no art. 3º dessa lei.[74]

Tal forma de agir deve-se ao fato de que as construtoras, regra geral, representam seus créditos por meio de cédulas de crédito imobiliários, como já vimos anteriormente, e transferem tais créditos às empresas securitizadoras, para que estas antecipem os valores devidos, com ou sem responsabilidade da parte da seguradora.

A empresa securitizadora de créditos os reúne em grupos e lavra o "termo de securitização",[75] contendo o nome da construtora, o nome dos devedores (adquirentes das unidades habitacionais), com os respectivos saldos nominais devedores, junto com a individualização do imóvel a que esteja vinculado o empreendimento, baseado na matrícula do imóvel, e a anotação da afetação para fins de construção do empreendimento, tudo devidamente registrado no Cartório de Registro de Imóveis, conforme previsão na Lei 6.015/1973 (Lei de Registros Públicos) e no art. 10, parágrafo único, da Lei 9.514/1997,[76] assim também o valor do crédito concedido à construtora e eventuais garantias que foram constituídas a favor da empresa securitizadora – garantias, estas, geralmente emitidas pelos riscos do empreendimento, eis que pode existir a possibilidade de se construir o prédio e não vender as unidades.

No art. 17 da Lei 9.514/1997 há o rol das garantias que poderão ser instituídas pelas empresas securitizadoras de créditos, não obstante não se trate de *numerus clausus*.

Tudo isto formando um termo de securitização único, devidamente identificado e numerado, previsto no art. 8º da Lei 9.514/1997.[77]

---

74. Lei 9.514/1997: "Art. 3º. As companhias securitizadoras de créditos imobiliários, instituições não financeiras constituídas sob a forma de sociedade por ações, terão por finalidade a aquisição e securitização desses créditos e a emissão e colocação, no mercado financeiro, de Certificados de Recebíveis Imobiliários, podendo emitir outros títulos de crédito, realizar negócios e prestar serviços compatíveis com as suas atividades".

75. Na verdade, seria um "auto de securitização", eis que "termo" se dá apenas no serviço público.

76. Lei 9.514/1997, parágrafo único do art. 10: "Parágrafo único. O Termo de Securitização de Créditos, em que seja instituído o regime fiduciário, será averbado nos Registros de Imóveis em que estejam matriculados os respectivos imóveis".

77. Lei 9.514/1997: "Art. 8º. A securitização de créditos imobiliários é a operação pela qual tais créditos são expressamente vinculados à emissão de uma série de títulos de

OS TÍTULOS REPRESENTATIVOS 165

A partir desse "termo de securitização" é que são emitidos os *certificados de recebíveis imobiliários*. *Os certificados de recebíveis imobiliários* são verdadeiros títulos de crédito nominativos, de livre negociação, todos eles lastreados em créditos imobiliários. Representam promessa de pagamento, gozando ou não de garantias, como visto no item anterior, ou garantias flutuantes, tudo isso previsto no art. 6º da Lei 9.514/1997.[78]

Pelo art. 7º da Lei 9.514/1997 há os seguintes *requisitos formais* dos *certificados de recebíveis imobiliários*:

Art. 7º. O CRI terá as seguintes características: I – nome da companhia emitente; II – número de ordem, local e data de emissão; III – denominação "Certificado de Recebíveis Imobiliários"; IV – forma escritural; V – nome do titular; VI – valor nominal; VII – data de pagamento ou, se emitido para pagamento parcelado, discriminação dos valores e das datas de pagamento das diversas parcelas; VIII – taxa de juros, fixa ou flutuante, e datas de sua exigibilidade, admitida a capitalização; IX – cláusula de reajuste, observada a legislação pertinente; X – lugar de pagamento; XI – identificação do Termo de Securitização de Créditos que lhe tenha dado origem. § 1º. O registro e a negociação do CRI far-se-ão por meio de sistemas centralizados de custódia e liquidação financeira de títulos privados. § 2º. O CRI poderá ter, conforme dispuser o Termo de Securitização de Créditos, garantia flutuante, que lhe assegurará privilégio geral sobre o ativo da companhia securitizadora, mas não impedirá a negociação dos bens que compõem esse ativo.

Os adquirentes dos certificados de recebíveis imobiliários são, portanto, credores das empresas securitizadoras de créditos, pois forneceram recursos financeiros para as mesmas e seus créditos decorrentes dos créditos securitizados.

---

crédito, mediante Termo de Securitização de Créditos, lavrado por uma companhia securitizadora, do qual constarão os seguintes elementos: I – a identificação do devedor e o valor nominal de cada crédito que lastreie a emissão, com a individuação do imóvel a que esteja vinculado e a indicação do Cartório de Registro de Imóveis em que esteja registrado e respectiva matrícula, bem como a indicação do ato pelo qual o crédito foi cedido; II – a identificação dos títulos emitidos; III – a constituição de outras garantias de resgate dos títulos da série emitida, se for o caso. Parágrafo único. Será permitida a securitização de créditos oriundos da alienação de unidades em edificação sob regime de incorporação nos moldes da Lei n. 4.591, de 16 de dezembro de 1964."
78. Lei 9.514/1997: "Art. 6º. O Certificado de Recebíveis Imobiliários – CRI é título de crédito nominativo, de livre negociação, lastreado em créditos imobiliários e constitui promessa de pagamento em dinheiro. Parágrafo único. O CRI é de emissão exclusiva das companhias securitizadoras."

Insta esclarecer que, nos termos dos §§ 1º, 2º e 3º do art. 11 da Lei 9.514/1997, é obrigatório que a empresa securitizadora de créditos imobiliários sempre mantenha a atualização dos certificados de recebíveis imobiliários, inclusive promovendo novos reajustes, por meio de aditamentos dos "termos de securitização".[79] Os credores poderão voltar-se contra o patrimônio da própria companhia securitizadora (§ 1º[80]). E a constituição de garantias em separado por parte da companhia securitizadora ou terceiros poderá servir de base para que o credor não invista contra o patrimônio daquela, conforme disposto no art. 11, § 3º.[81]

Pelo art. 15 da Lei 9.514/1997, quando uma empresa securitizadora de crédito cair em insolvência, o agente fiduciário assumirá imediatamente a custódia e a administração dos créditos, devendo convocar assembleia para a deliberação da forma de distribuição dos valores devidos aos credores, sem que isso provoque qualquer alteração dos créditos constituídos em apartado, visando à garantia complementar dos certificados de recebíveis imobiliários.

Os certificados de recebíveis imobiliários extinguem-se pelo adimplemento das obrigações assumidas nos "Termos de Securitização de Créditos" que os instituíram, devendo o agente fiduciário promover a respectiva baixa nos Registros de Imóveis, como forma de liberação dos mesmos, visando aos registros posteriores de alienação.

6.7 Cédulas de crédito bancário

As instituições financeiras brasileiras são ávidas em produzir legislações que as favoreçam para que consigam permissões para emitir títulos autorizados por leis genericamente consideradas, regulamentadas pela CVM, pelo CMN e pelas normas do BACEN.

---

79. Lei 9.514/1997, § 2º do art. 11: "§ 2º. Uma vez assegurado o direito de que trata o parágrafo anterior, a companhia securitizadora, sempre que se verificar insuficiência do patrimônio separado, promoverá a respectiva recomposição, mediante aditivo ao Termo de Securitização de Créditos, nele incluindo outros créditos imobiliários, com observância dos requisitos previstos nesta Seção".

80. Lei 9.514/1997, § 1º do art. 11: "§ 1º. No Termo de Securitização de Créditos, poderá ser conferido aos beneficiários e demais credores do patrimônio separado, se este se tornar insuficiente, o direito de haverem seus créditos contra o patrimônio da companhia securitizadora".

81. Lei 9.514/1997, § 3º do art. 11: "§ 3º. A realização dos direitos dos beneficiários limitar-se-á aos créditos imobiliários integrantes do patrimônio separado, salvo se tiverem sido constituídas garantias adicionais por terceiros".

Além dos vários modelos que já estudamos, falaremos agora da cédula de crédito bancário, sem nos esquecermos de que não esgotada a matéria, eis que novas fórmulas podem surgir no mercado financeiro. A cédula de crédito bancário foi criada pela Lei 10.931/2004, precisamente a partir do art. 26, com o intuito de promover o fomento da atividade bancária e facilitar o crédito, sempre emitida em favor de uma instituição financeira, situada no Brasil ou no Estrangeiro, seja em moeda nacional, seja na moeda do País de origem, conforme se vê dos parágrafos do referido art. 26.[82]

Nos termos do art. 29, a cédula de crédito bancário deve conter os chamados requisitos essenciais, podendo ser negociada diretamente pela instituição financeira; ao passo que as vias dos devedores não são negociáveis, e isto por uma simples razão: não pode haver modificação do devedor sem anuência e consulta expressa da instituição financeira.[83]

A cédula de crédito bancário pode ser emitida com ou sem garantia, seja ela real ou fidejussória, podendo ser sobre bens móveis, imóveis,

82. Lei 10.931/2004: "Art. 26. A Cédula de Crédito Bancário é título de crédito emitido, por pessoa física ou jurídica, em favor de instituição financeira ou de entidade a esta equiparada, representando promessa de pagamento em dinheiro, decorrente de operação de crédito, de qualquer modalidade. § 1º. A instituição credora deve integrar o Sistema Financeiro Nacional, sendo admitida a emissão da Cédula de Crédito Bancário em favor de instituição domiciliada no Exterior, desde que a obrigação esteja sujeita exclusivamente à lei e ao foro brasileiros. § 2º. A Cédula de Crédito Bancário em favor de instituição domiciliada no Exterior poderá ser emitida em moeda estrangeira."
83. Lei 10.931/2004: "Art. 29. A Cédula de Crédito Bancário deve conter os seguintes requisitos essenciais: I – a denominação 'Cédula de Crédito Bancário'; II – a promessa do emitente de pagar a dívida em dinheiro, certa, líquida e exigível no seu vencimento ou, no caso de dívida oriunda de contrato de abertura de crédito bancário, a promessa do emitente de pagar a dívida em dinheiro, certa, líquida e exigível, correspondente ao crédito utilizado; III – a data e o lugar do pagamento da dívida e, no caso de pagamento parcelado, as datas e os valores de cada prestação, ou os critérios para essa determinação; IV – o nome da instituição credora, podendo conter cláusula à ordem; V – a data e o lugar de sua emissão; e VI – a assinatura do emitente e, se for o caso, do terceiro garantidor da obrigação, ou de seus respectivos mandatários. § 1º. A Cédula de Crédito Bancário será transferível mediante endosso em preto, ao qual se aplicarão, no que couberem, as normas do direito cambiário, caso em que o endossatário, mesmo não sendo instituição financeira ou entidade a ela equiparada, poderá exercer todos os direitos por ela conferidos, inclusive cobrar os juros e demais encargos na forma pactuada na Cédula. § 2º. A Cédula de Crédito Bancário será emitida por escrito, em tantas vias quantas forem as partes que nela intervierem, assinadas pelo emitente e pelo terceiro garantidor, se houver, ou por seus respectivos mandatários, devendo cada parte receber uma via. § 3º. Somente a via do credor será negociável, devendo constar nas demais vias a expressão 'não negociável'. § 4º. A Cédula de Crédito Bancário pode ser aditada, retificada e ratificada mediante documento escrito, datado, com os requisitos previstos no *caput*, passando esse documento a integrar a Cédula para todos os fins."

objetos, automóveis, máquinas e equipamentos, produtos e até mesmo sobre possíveis ganhos sobre serviços, em face da amplitude da legislação, sendo que a constituição da garantia deve ser obrigatoriamente descrita e minuciosamente apresentada, sob pena de sua nulidade absoluta, posto que é obrigatório o cumprimento do disposto nos arts. 27 e 31 da Lei 10.931/2004.[84]

O objeto da garantia deverá seguir os ditames previstos nas leis específicas, conforme regra geral do art. 30.[85] Ademais, a garantia da cédula de crédito bancário deve ser minudentemente descrita, conforme exigência do art. 33, podendo ser feita tanto na própria cédula como em documento em apartado, na forma do art. 32.[86]

E, na forma do art. 42 da Lei 10.931/2004, quando se tratar de garantia real, para ter validade perante terceiros tem que ser obrigatória a inscrição nos registros públicos.[87]

Assim, como a garantia poderá ser sobre bens que gerem frutos, genericamente considerados, é imperativo que tal consideração seja expressa na constituição da cédula de crédito bancário, sob pena de o credor não poder receber os frutos auferidos, passando a serem exclusivos

---

84. Lei 10.931/2004: "Art. 27. A Cédula de Crédito Bancário poderá ser emitida, com ou sem garantia, real ou fidejussória, cedularmente constituída. Parágrafo único. A garantia constituída será especificada na Cédula de Crédito Bancário, observadas as disposições deste Capítulo e, no que não forem com elas conflitantes, as da legislação comum ou especial aplicável."
"Art. 31. A garantia da Cédula de Crédito Bancário poderá ser fidejussória ou real, neste último caso constituída por bem patrimonial de qualquer espécie, disponível e alienável, móvel ou imóvel, material ou imaterial, presente ou futuro, fungível ou infungível, consumível ou não, cuja titularidade pertença ao próprio emitente ou a terceiro garantidor da obrigação principal."
85. Lei 10.931/2004: "Art. 30. A constituição de garantia da obrigação representada pela Cédula de Crédito Bancário é disciplinada por esta Lei, sendo aplicáveis as disposições da legislação comum ou especial que não forem com ela conflitantes".
86. Lei 10.931/2004: "Art. 32. A constituição da garantia poderá ser feita na própria Cédula de Crédito Bancário ou em documento separado, neste caso fazendo-se, na Cédula, menção a tal circunstância".
"Art. 33. O bem constitutivo da garantia deverá ser descrito e individualizado de modo que permita sua fácil identificação. Parágrafo único. A descrição e individualização do bem constitutivo da garantia poderá ser substituída pela remissão a documento ou certidão expedida por entidade competente, que integrará a Cédula de Crédito Bancário para todos os fins."
87. Lei 10.931/2004: "Art. 42. A validade e eficácia da Cédula de Crédito Bancário não dependem de registro, mas as garantias reais, por ela constituídas, ficam sujeitas, para valer contra terceiros, aos registros ou averbações previstos na legislação aplicável, com as alterações introduzidas por esta Lei".

do devedor fiduciante. Ora, supondo-se que o credor fiduciário coloque uma residência do devedor fiduciante como garantia, porém não existindo nenhuma cláusula sobre aluguel, se o devedor a colocar para locar, o aluguel pertencerá exclusivamente ao devedor.

Em sentido contrário, existindo cláusula expressa sobre o auferimento do aluguel por parte do credor fiduciário, os valores percebidos devem ser necessária e obrigatoriamente abatidos do valor total devido pelo devedor fiduciante, eis que assim não haverá enriquecimento sem causa. Por tal razão é expressa a forma de constituição da garantia, nos termos do art. 34, assim como previsto no art. 35 que os bens constitutivos de garantia *poderão* permanecer na posse do devedor. Logo, se se faculta que os frutos sejam auferidos pelo devedor, não há razão qualquer para que o credor possa deles se aproveitar.[88]

Para evitar o perecimento do direito do credor sobre o objeto da garantia faculta a lei que o credor exija do devedor a constituição de um seguro, nos termos do art. 36.[89]

Também poderá o credor sub-rogar-se no direito à eventual indenização no caso de dano causado por terceiro ou desapropriação do objeto dado em garantia, na forma do art. 37.[90]

---

88. Lei 10.931/2004: "Art. 34. A garantia da obrigação abrangerá, além do bem principal constitutivo da garantia, todos os seus acessórios, benfeitorias de qualquer espécie, valorizações a qualquer título, frutos e qualquer bem vinculado ao bem principal por acessão física, intelectual, industrial ou natural. § 1º. O credor poderá averbar, no órgão competente para o registro do bem constitutivo da garantia, a existência de qualquer outro bem por ela abrangido. § 2º. Até a efetiva liquidação da obrigação garantida, os bens abrangidos pela garantia não poderão, sem prévia autorização escrita do credor, ser alterados, retirados, deslocados ou destruídos, nem poderão ter sua destinação modificada, exceto quando a garantia for constituída por semoventes ou por veículos, automotores ou não, e a remoção ou o deslocamento desses bens for inerente à atividade do emitente da Cédula de Crédito Bancário, ou do terceiro prestador da garantia.
"Art. 35. Os bens constitutivos de garantia pignoratícia ou objeto de alienação fiduciária poderão, a critério do credor, permanecer sob a posse direta do emitente ou do terceiro prestador da garantia, nos termos da cláusula de constituto possessório, caso em que as partes deverão especificar o local em que o bem será guardado e conservado até a efetiva liquidação da obrigação garantida. § 1º. O emitente e, se for o caso, o terceiro prestador da garantia responderão solidariamente pela guarda e conservação do bem constitutivo da garantia. § 2º. Quando a garantia for prestada por pessoa jurídica, esta indicará representantes para responder nos termos do § 1º."
89. Lei 10.931/2004: "Art. 36. O credor poderá exigir que o bem constitutivo da garantia seja coberto por seguro até a efetiva liquidação da obrigação garantida, em que o credor será indicado como exclusivo beneficiário da apólice securitária e estará autorizado a receber a indenização para liquidar ou amortizar a obrigação garantida".
90. Lei 10.931/2004: "Art. 37. Se o bem constitutivo da garantia for desapropriado, ou se for danificado ou perecer por fato imputável a terceiro, o credor sub-rogar-se-á no

Conforme disposto nos arts. 38 e 39 da Lei 10.931/2004, o credor da cédula de crédito bancário jamais perde, mesmo porque pode ele exigir a substituição da garantia ou o seu reforço, sob pena de provocar o vencimento antecipado da dívida.[91]

De outro lado, é expresso que a cédula de crédito bancário é título executivo extrajudicial, mas para sua execução é necessário que se especifiquem detalhadamente todos os elementos de sua composição, a fim de possuir validade jurídica e executoriedade, sob pena de ser punido o credor que não preencher os requisitos legais, conforme fartamente demonstrado no art. 28 da Lei 10.931/2004.[92]

---

direito à indenização devida pelo expropriante ou pelo terceiro causador do dano, até o montante necessário para liquidar ou amortizar a obrigação garantida".

91. Lei 10.931/2004: "Art. 38. Nos casos previstos nos arts. 36 e 37 desta Lei, facultar-se-á ao credor exigir a substituição da garantia, ou o seu reforço, renunciando ao direito à percepção do valor relativo à indenização.

"Art. 39. O credor poderá exigir a substituição ou o reforço da garantia, em caso de perda, deterioração ou diminuição de seu valor. Parágrafo único. O credor notificará por escrito o emitente e, se for o caso, o terceiro garantidor, para que substituam ou reforcem a garantia no prazo de 15 (quinze) dias, sob pena de vencimento antecipado da dívida garantida."

92. Lei 10.931/2004: "Art. 28. A Cédula de Crédito Bancário é título executivo extrajudicial e representa dívida em dinheiro, certa, líquida e exigível, seja pela soma nela indicada, seja pelo saldo devedor demonstrado em planilha de cálculo, ou nos extratos da conta-corrente, elaborados conforme previsto no § 2º. § 1º. Na Cédula de Crédito Bancário poderão ser pactuados: I – os juros sobre a dívida, capitalizados ou não, os critérios de sua incidência e, se for o caso, a periodicidade de sua capitalização, bem como as despesas e os demais encargos decorrentes da obrigação; II – os critérios de atualização monetária ou de variação cambial como permitido em lei; III – os casos de ocorrência de mora e de incidência das multas e penalidades contratuais, bem como as hipóteses de vencimento antecipado da dívida; IV – os critérios de apuração e de ressarcimento, pelo emitente ou por terceiro garantidor, das despesas de cobrança da dívida e dos honorários advocatícios, judiciais ou extrajudiciais, sendo que os honorários advocatícios extrajudiciais não poderão superar o limite de 10% (dez por cento) do valor total devido; V – quando for o caso, a modalidade de garantia da dívida, sua extensão e as hipóteses de substituição de tal garantia; VI – as obrigações a serem cumpridas pelo credor; VII – a obrigação do credor de emitir extratos da conta-corrente ou planilhas de cálculo da dívida, ou de seu saldo devedor, de acordo com os critérios estabelecidos na própria Cédula de Crédito Bancário, observado o disposto no § 2º; e VIII – outras condições de concessão do crédito, suas garantias ou liquidação, obrigações adicionais do emitente ou do terceiro garantidor da obrigação, desde que não contrariem as disposições desta Lei. § 2º. Sempre que necessário, a apuração do valor exato da obrigação, ou de seu saldo devedor, representado pela Cédula de Crédito Bancário, será feita pelo credor, por meio de planilha de cálculo e, quando for o caso, de extrato emitido pela instituição financeira, em favor da qual a Cédula de Crédito Bancário foi originariamente emitida, documentos esses que integrarão a Cédula, observado que: I – os cálculos realizados deverão evidenciar de modo claro, preciso e de fácil entendimento e compreensão o valor principal da dívida, seus encargos e despesas contratuais devidos, a parcela de juros e os critérios de sua incidência, a

Quando a cédula de crédito bancário for sobre crédito rotativo é obrigatória a recomposição do *saldo devedor* toda vez que houver pagamento por parte do devedor fiduciante.

Essa parece ser questão de somenos, porém ganha muita importância em face da forma como algumas instituições financeiras procuram extorquir seus devedores, fazendo a propositada inversão da forma de pagamento, ou seja: maliciosamente, primeiro reajustam seus valores a receber e depois abatem os valores pagos pelos devedores, contrariando o disposto no art. 40 da Lei 10.931/2004.[93]

Sob o esquálido argumento de *compensações bancárias*, que são feitas somente no período em que se encerram as atividades, é comum que as instituições recebam valores exatamente no dia do pagamento de determinada parcela e procurem se locupletar maliciosamente. Assim, primeiramente lançam os débitos decorrentes da mora e depois fazem o abatimento dos valores pagos pelos devedores. Dessa maneira tornam impagáveis os débitos da cédula de crédito bancário e obrigam os devedores a se socorrer do Poder Judiciário.

Na forma do art. 43 da Lei 10.931/2004, uma instituição financeira pode emitir *Certificado de Cédulas de Crédito Bancário* a ser negociado no mercado financeiro, representando crédito da instituição perante outros agentes financeiros ou no próprio mercado, sendo que a comercialização dos mesmos depende muito da credibilidade da instituição financeira e sua história sobre constituição de créditos. Assim, se a instituição financeira tem grande número de contratos poderá gerar lucratividade

---

parcela de atualização monetária ou cambial, a parcela correspondente a multas e demais penalidades contratuais, as despesas de cobrança e de honorários advocatícios devidos até a data do cálculo e, por fim, o valor total da dívida; e II – a Cédula de Crédito Bancário representativa de dívida oriunda de contrato de abertura de crédito bancário em conta-corrente será emitida pelo valor total do crédito posto à disposição do emitente, competindo ao credor, nos termos deste parágrafo, discriminar nos extratos da conta-corrente ou nas planilhas de cálculo, que serão anexados à Cédula, as parcelas utilizadas do crédito aberto, os aumentos do limite do crédito inicialmente concedido, as eventuais amortizações da dívida e a incidência dos encargos nos vários períodos de utilização do crédito aberto. § 3º. O credor que, em ação judicial, cobrar o valor do crédito exequendo em desacordo com o expresso na Cédula de Crédito Bancário fica obrigado a pagar ao devedor o dobro do cobrado a maior, que poderá ser compensado na própria ação, sem prejuízo da responsabilidade por perdas e danos."
93. Lei 10.931/2004: "Art. 40. Nas operações de crédito rotativo, o limite de crédito concedido será recomposto, automaticamente e durante o prazo de vigência da Cédula de Crédito Bancário, sempre que o devedor, não estando em mora ou inadimplente, amortizar ou liquidar a dívida".

para gerar mais recursos para financiamento de outros interessados em créditos.[94]

A cédula de crédito bancário é título de crédito, por si só, podendo ser livremente negociada pelo credor, devendo seguir a legislação cambial, como todos os títulos de crédito, sendo que preferiu o legislador expor claramente essa condição no art. 44.[95]

Como título de crédito que são, as cédulas de crédito bancário poderão ser protestadas por indicação, na forma prevista pelo art. 41 da Lei 10.931/2004.[96]

Da mesma forma, é permitido pelo CMN o redesconto dos títulos e direitos creditórios, inclusive seguindo os ditames traçados pelo BACEN, na forma do art. 45 da Lei 10.931/2004.[97]

---

94. Lei 10.931/2004: "Art. 43. As instituições financeiras, nas condições estabelecidas pelo Conselho Monetário Nacional, podem emitir título representativo das Cédulas de Crédito Bancário por elas mantidas em depósito, do qual constarão: I – o local e a data da emissão; II – o nome e a qualificação do depositante das Cédulas de Crédito Bancário; III – a denominação 'Certificado de Cédulas de Crédito Bancário'; IV – a especificação das cédulas depositadas, o nome dos seus emitentes e o valor, o lugar e a data do pagamento do crédito por elas incorporado; V – o nome da instituição emitente; VI – a declaração de que a instituição financeira, na qualidade e com as responsabilidades de depositária e mandatária do titular do certificado, promoverá a cobrança das Cédulas de Crédito Bancário, e de que as Cédulas depositadas, assim como o produto da cobrança do seu principal e encargos, somente serão entregues ao titular do certificado contra apresentação deste; VII – o lugar da entrega do objeto do depósito; e VIII – a remuneração devida à instituição financeira pelo depósito das Cédulas objeto da emissão do Certificado, se convencionada. § 1º. A instituição financeira responde pela origem e autenticidade das Cédulas de Crédito Bancário depositadas. § 2º. Emitido o Certificado, as Cédulas de Crédito Bancário e as importâncias recebidas pela instituição financeira a título de pagamento do principal e de encargos não poderão ser objeto de penhora, arresto, sequestro, busca e apreensão, ou qualquer outro embaraço que impeça a sua entrega ao titular do Certificado, mas este poderá ser objeto de penhora, ou de qualquer medida cautelar por obrigação do seu titular. § 3º. O Certificado poderá ser emitido sob a forma escritural, sendo regido, no que for aplicável, pelo contido nos arts. 34 e 35 da Lei n. 6.404, de 15 de dezembro de 1976. § 4º. O Certificado poderá ser transferido mediante endosso ou termo de transferência, se escritural, devendo, em qualquer caso, a transferência ser datada e assinada pelo seu titular ou mandatário com poderes especiais e averbada junto à instituição financeira emitente, no prazo máximo de 2 (dois) dias. § 5º. As despesas e os encargos decorrentes da transferência e averbação do Certificado serão suportados pelo endossatário ou cessionário, salvo convenção em contrário."
95. Lei 10.931/2004: "Art. 44. Aplica-se às Cédulas de Crédito Bancário, no que não contrariar o disposto nesta Lei, a legislação cambial, dispensado o protesto para garantir o direito de cobrança contra endossantes, seus avalistas e terceiros garantidores".
96. Lei 10.931/2004: "Art. 41. A Cédula de Crédito Bancário poderá ser protestada por indicação, desde que o credor apresente declaração de posse da sua única via negociável, inclusive no caso de protesto parcial".
97. Lei 10.931/2004: "Art. 45. Os títulos de crédito e direitos creditórios, representados sob a forma escritural ou física, que tenham sido objeto de desconto poderão

ser admitidos a redesconto junto ao Banco Central do Brasil, observando-se as normas e instruções baixadas pelo Conselho Monetário Nacional. § 1º. Os títulos de crédito e os direitos creditórios de que trata o *caput* considerar-se-ão transferidos, para fins de redesconto, à propriedade do Banco Central do Brasil, desde que inscritos em termo de tradição eletrônico constante do Sistema de Informações do Banco Central – SISBACEN, ou, ainda, no termo de tradição previsto no § 1º do art. 5º do Decreto n. 21.499, de 9 de junho de 1932, com a redação dada pelo art. 1º do Decreto n. 21.928, de 10 de outubro de 1932. § 2º. Entendem-se inscritos nos termos de tradição referidos no § 1º os títulos de crédito e direitos creditórios neles relacionados e descritos, observando-se os requisitos, os critérios e as formas estabelecidos pelo Conselho Monetário Nacional. § 3º. A inscrição produzirá os mesmos efeitos jurídicos do endosso, somente se aperfeiçoando com o recebimento, pela instituição financeira proponente do redesconto, de mensagem de aceitação do Banco Central do Brasil, ou, não sendo eletrônico o termo de tradição, após a assinatura das partes. § 4º. Os títulos de crédito e documentos representativos de direitos creditórios, inscritos nos termos de tradição, poderão, a critério do Banco Central do Brasil, permanecer na posse direta da instituição financeira beneficiária do redesconto, que os guardará e conservará em depósito, devendo proceder, como comissária *del credere*, à sua cobrança judicial ou extrajudicial."

BIBLIOGRAFIA

BONNECASE, Julien. *Traité di Droit Commercial Maritime*. Paris, Librairie de la Société du Recueil Sirey, 1923.

BRUNETTI, Antonio. *Corso di Diritto Marittimo*, vol. I. Padova, La Litotipo, Editrice Universitaria, 1922.

CARVALHO DE MENDONÇA, J. X. *Tratado de Direito Comercial Brasileiro*. 7ª ed., vol. 5. Rio de Janeiro, Freitas Bastos, 1963.

COELHO, Fábio Ulhoa. *Curso de Direito Comercial*. 11ª ed., vol. 1 (*Direito de Empresa*). São Paulo, Saraiva, 2007; vol. 2. São Paulo, Saraiva, 2002.

COVELLO, Sérgio Carlos. *Contratos Bancários*. 3ª ed. São Paulo, LEUD, 1999.

CREMONEZ, Paulo Henrique e MACHADO FILHO, Rubens Walter. "A relativização das decisões do Tribunal Marítimo nas lides forenses envolvendo o direito marítimo", *Revista Jus Navegandi*, Teresina, ano 10, n. 720, 25.6.2005. Disponível em *http://jus.com.br//artigos/6856*; acesso em 11.6.2016.

CUNHA PEIXOTO, Carlos Fulgêncio da. *O Cheque*. vol. 1. Rio de Janeiro, Revista Forense, 1962.

DE LUCCA, Newton. *Aspectos da Teoria Geral dos Títulos de Crédito*. São Paulo, Pioneira, 1979.

FAUCHILLE, Paul. "Le Domaine Aérien et le Régime Juridique des Aérostats", *Revue Générale de Droit International Public*, vol. VIII. Paris, 1901.

FERREIRA, Waldemar. *Tratado de Direito Comercial. O Estatuto do Navio e da Aeronave e a Indústria da Navegação*, vol. 12. São Paulo, Saraiva, 1964.

FINKELSTEIN, Maria Eugênia. *Direito Empresarial*. 2ª ed. São Paulo, Atlas, 2006.

FIORENTINO, Adriano. "Titoli di credito". In: SCIALOJA, Vittorio, e ZANICHELLI, Bianca (coords.). *Comentários ao Código Civil*. Foro Italiano, 1974.

GARCÍA GALLO, Alfonso. *Curso de Historia del Derecho Español*. Madrid, Gráfica Administrativa, 1950.

GAUBERT, Adrien. *Les Ventes Maritimes*. Paris, Librairie de la Société du Recueil Sirey.

GIERKE, Julius von. *Derecho Comercial y de la Navegación*. Trad. de Juan Semon. Buenos Aires, EJEA, 1957.

GONÇALVES, Sérgio Ricardo Marques, e ÓPICE BLUM, Renato Muller da Silva. *Comércio Eletrônico*. São Paulo, Ed. RT, 2001.

JUGLART, Michel de. *Traité Élémentaire de Droit Aérien*. Paris, LGDJ, 1952, p. 1.

MACHADO FILHO, Rubens Walter e CREMONEZE, Paulo Henrique. "A relativização das decisões do Tribunal Marítimo nas lides forenses envolvendo o direito marítimo", *Revista Jus Navegandi*, Teresina, ano 10, n. 720, 25.6.2005. Disponível em *http://jus.com.br//artigos/6856*; acesso em 11.6.2016.

MAMEDE, Gladston. *Direito Empresarial Brasileiro*. vol. 3 (*Títulos de Crédito*). São Paulo, Atlas, 2005.

_____. *Manual de Direito Empresarial*. São Paulo, Atlas, 2005.

MARTINS, Eliane M. Octaviano e PIMENTA, Matusalém Gonçalves. "Natureza jurídica das decisões do Tribunal Marítimo", in *Direito Marítimo. Reflexões Doutrinárias*. Rio de Janeiro, Lumen Juris, 2015.

MARTINS, Eliane Maria Octaviano. *Curso de Direito Marítimo,* vol. 1: *Teoria Geral*. 4ª ed. Barueri, Manole, 2013.

MARTINS, Fran. *Títulos de Crédito*. 1ª ed., vol. 1 (*Letra de Câmbio e Nota Promissória*). Rio de Janeiro, Forense, 2001; 3ª ed. Rio de Janeiro, Forense, 1986; 14ª ed., atualizada por Joaquim Penalva Santos. Rio de Janeiro, Forense, 2009.

MIRANDA, Maria Bernadete. *Títulos de Crédito*. Rio de Janeiro, Forense, 2006.

ÓPICE BLUM, Renato Muller da Silva, e GONÇALVES, Sérgio Ricardo Marques. *Comércio Eletrônico*. São Paulo, Ed. RT, 2001.

PIMENTA, Matusalém Gonçalves e MARTINS, Eliane M. Octaviano. "Natureza jurídica das decisões do Tribunal Marítimo", in *Direito Marítimo. Reflexões Doutrinárias*. Rio de Janeiro, Lumen Juris, 2015.

PIPIA, Umberto. *Trattato di Diritto Marittimo*, vol. I. Milano, Società Editrice Italiana, 1922.

PONTES DE MIRANDA, Francisco Cavalcanti. *Tratado de Direito Cambiário*. 2ª ed. São Paulo, Max Limonad, 1954; vol. 4. Campinas, Bookseller, 2000.

QUEIROZ, Régis Magalhães Soares de. *Direito e Internet – Aspectos Jurídicos Relevantes*. Bauru/SP, Edipro, 2000.

REQUIÃO, Rubens. *Curso de Direito Comercial*. 23ª ed., 2º vol. São Paulo, Saraiva, 2003; 24ª ed., vol. 2. São Paulo, Saraiva, 2005.

RIPERT, Georges. *Droit Maritime*, vol. I. Paris, Éditions Rouseau et Cie, 1950.

_____. *Précis de Droit Maritime*. Paris, Dalloz, 1947.

RIZZARDO, Arnaldo. *Contratos*. 7ª ed. Rio de Janeiro, Forense, 2007.

_____. *Títulos de Crédito*. 2ª ed. Rio de Janeiro, Forense, 2009.

SÁ, Eduardo Alves de. *Primeiras Explicações do Código Comercial Português de 1888*, vol. I. Lisboa, Tipografia de Cristóvão A. Rodrigues, 1888. ASCARELLI, Tullio. *Teoria Geral dos Títulos de Crédito*. 2ª ed. São Paulo, Saraiva, 1969.

SANTOS, Theóphilo de Azeredo. *Do Aceite*. Rio de Janeiro, Forense, 1960.

SCIALOJA, Vittorio, e ZANICHELLI, Bianca (coords.). *Comentários ao Código Civil*. Foro Italiano, 1974.

SIDOU, J. M. Othon. *Do Cheque*. 2ª ed., Rio de Janeiro, Forense, 1976.

TOMAZETTE, Marlon. *Curso de Direito Empresarial. Títulos de Crédito*. vol. 2. São Paulo, Atlas, 2009.

VIVANTE, Cesare. *Trattato di Diritto Commerciale*. 5ª ed., vol. II. Milão, Giuffrè, 1935.

ZANICHELLI, Bianca, e SCIALOJA, Vittorio (coords.). *Comentários ao Código Civil*. Foro Italian

* * *